謹以此再版慶賀

基督教華僑佈道會

五十週年金禧紀念

作者的其他著作：

古木常青

善牧良師

在紅旗下

一個青年基督徒的學習

基道出版社

▼

在紅旗下

一個青年基督徒的學習

God's School in Red China

原名

熔爐

作者

王光霞　Mary Wang

譯者

中天

再版訂正

王明理

責任編輯

何敏璇

裝幀設計

石依恒

■

出版／發行

基道出版社

香港沙田火炭坳背灣街26號富騰工業中心1011室

LOGOS PUBLISHERS

Unit 1011, Fo Tan Ind. Centre, 26 Au Pui Wan St., Shatin, Hong Kong

電話：2687-0331　傳真：(852) 2687-0281

網址：http://www.logoslink.org.hk

澳洲總代理

基道書樓LOGOS BOOK HOUSE

4 Tooronga Terrace, Beverly Hills 2209, N.S.W., Australia

電話：(612) 9554-3631

●

版權所有・請勿翻印

© 基道出版社有限公司

12/80初版　3/00修訂版

Cat. No. LP816

ISBN 962-457-164-3

Original Edition "God's School in Red China"

Chinese Edition © 1980 by Logos Publishers Ltd.

© 2000 by Logos Publishers Ltd.

ALL RIGHTS RESERVED

Printed in Hong Kong

目 錄

中文版再版小記

這是一個奇妙、真實而又感人的故事，由我大妹光霞自己敘述她在大學習醫期間，同時也是在神那無形的學校中學習的過程；這些課程從始至終都是掌管萬有和人類的主宰，親自藉著聖靈所安排和教導的。如今雖已悠悠地經過了差不多半個世紀，但我深覺仍有著時代的意義和價值。

當其時我也是個青年人，一九五一年初因信仰的緣故，離開在中國大陸的家鄉流落到了香港；幾經輾轉才收到第一封家信，如獲至寶。此後便藉書信交通維繫著手足的親情和家庭的溫暖。我珍貴每一封來信，把它們都順序編號保存起來，直等到一九五八年春節期間全家成員在香港大團圓為止；只可惜我從香港寄出的信都沒有留底，在大陸也無法保存，至今仍認為是一大憾事。

一九七三年，光霞要結婚了，我當怎樣表示祝賀？神給了我一個意念：把她歷年來寫給我的所有信件都鄭重地影印一份裝訂成冊，又密封包紮起來，攜往英倫參加她的婚禮作為賀禮，並聲明必須在婚禮後才能揭封；結果著實給了她一個意外的驚喜！

我相信在她的蜜月旅行中，這份禮物必是消

磨了她不少的時間，也把她帶回到從前在學習時期那些艱辛又甜美的回憶中。

這些回憶，鼓勵她寫成了這本小書。

到目前為止，她在歐洲華裔同胞中服事神已將近四十年，參與「基督教華僑佈道會」的配搭事奉也超過三十五年了。能維持她在這漫長事奉道路中的生命活力，是與她在書中所交通的經歷分不開的；施憐憫的神透過各種試煉所賜給我們的恩典實在是奇妙而豐盛的！願榮耀歸給祂直到永遠！

阿們。

主後一九九九年十二月

王明理

像在我早期的作品中一樣，我要感謝格溫及艾華．英格倫把我的意思用文字寫下來，也為著在他們家中的一段快樂時光而感謝他們。沒有他們的幫助，這幾本書都不可能寫成。格溫為我用打字機打完了這本書最後的幾頁，便從神的學校中畢業了，她在一九七六年三月十六日蒙召往基督那裏去。我衷心地把這本書獻給她。

第一課

在神的學校中

我們不但不逃避這世界，並且神還把我們安置在這世界中，這是何等的權利！「祢怎樣差我到世上，我也照樣差他們到世上。」這是何等的一句話，教會是主耶穌的繼續，是神安置在撒但領域中神聖的殖民地。

——《不要愛世界》．倪柝聲

世界上有一所憂傷的學校，是試煉與逼迫的學校，那些未曾在這學校完滿結業的人，不能對教會有很大的幫助。

——戴德生（James Hudson Taylor）

在醫院的候診室，長櫈上坐著悽慘、絕望、滿懷隱衷的病婦、東張西望的男病人和拘謹的孩童，他們一個跟一個上前去，細訴他們的問題；臉上的表情，抑制著的聲調，心中最深處的恐懼欲吐還休。也有些懷著新的希望徐徐離去。

十七歲的我，生辰快到了，就像一般的年輕人一樣，我憧憬著將來成為一位醫生，包紮傷口、配藥、安慰人、行醫治病。

「告訴我痛楚在哪兒？」

靠著神的能力，在一個共產國家之中，在自己俊美的國土上，作一個醫生……有這樣的可能嗎？

作為一個普通的中國女孩子，想步世界上第一位女醫生伊利沙伯．布萊克衞（Elizabeth Blackwell）的後塵，她曾克服別人難以置信的敵視態度，終於取得行醫的資格。

「女醫生？」他們曾經這樣的嗤笑她，「大概男人也可以作母親吧？」

「一個女醫生，真是聞所未聞的事。」

為著習醫，她曾投考二十九家美國醫學院；而當日在上海，卻有一扇為我敞開的門。一九五三年九月的一個日子，我按捺著心頭的喜悅，寫了下面一封信給在香港的大哥明理：

「昨天發榜了，我分配在第一志願，第一

學校——『上海第一醫學院』。醫學系，專修科，是二年半畢業，學小兒科。我沒想到我會分配在專修科，因為我喜歡讀本科（五年畢業）。學本科，要甚麼專業都學習，內科、外科等。而學專科，只學一科就夠了；我是讀小兒科的，二年半後我就是醫生了，你看快吧！這幾天，你可想像我在心急地等待發榜，我完全仰望主的帶領，知道祂要按照祂最高的旨意帶領我；沒有神的保證，我早發瘋了。我沒想到一定會分在第一志願，因為第一志願，分數要特別高，而且『上醫』是全國最好的醫學院，考的人很多。我不能說因為我考得好所以應得這結果，我真是不能想像，但是我肯定你跟爸爸一定會為我高興。」

「我不知道在甚麼時候要遷進學院去，但我會先告訴你。我很需要禱告使自己保持謙卑。」

兩週後我在信中說三天後我將往學院辦理註冊：

「一切費用，完全由國家供給，除了衣著和自己需要購買的參考書外，就沒有甚麼用項了。我想開學以後，幾本重要課程的書籍和參考書，自己買一下，看起來較為方便，不過也很貴，若可能的話就不買。我覺得在上海需要錢的地方太多了，在家跟媽媽一起時，我卻只需用很少的錢。比較過去兩個月我在上海的生活，我現在所需的費用不大。

「關於我們被錄取讀較短的專科一事，政府向我們保證說我們若願意讀這一科，將來便有機會攻讀溫習性的課程（Refresher Course），我祈求神加給我力量，使我在攻讀這個極緊迫的課程時，能夠領悟一切所需要領悟的，相信你在禱告裏不會忘記我的。爸爸身體怎樣？最近好嗎？替我問候，不再寫信了。」

「我包紮了傷口，」一個很有智慧的外科醫生曾經說：「但是神使傷口痊癒。」

我就是這樣憧憬著自己的未來。來中國宣教的醫生和護士率先來華創辦醫院和診所，訓練數以千計的護士和素質優良的醫生，樹立了醫療和衛生最高尚的標準。一九三〇年時，全中國的十三間醫學院中，便有八間是宣教士的機構，其中每一間都蘊藏著神與人和諧的合作。

一九四九年共產革命成功，新中國建立後，宣教士們包括醫生都被辭退，對其中一部分人來說，乃是一條漫長歸家的路。

當時在中國剩下來的醫生，為數略多於一萬二千人。結果，每年因為傳染病或寄生蟲疾病死亡的中國人達四百萬，他們絕少有機會能接受專門性的治療。有些人家一生從未見過一個醫生；有些孕婦從未接受檢驗；有些兒童在成長時期，在遠可以避免的情形下，變成殘廢。

毛澤東的偉大理想，是要建立一隊中國醫生，給他們專業的訓練，然後遣派他們到全中國四百萬方哩的每一個角落去，以便每一個中國人，不論他居住在怎樣偏僻的地方，不論他的收入怎樣微薄，都能有看醫生的機會。按照他本來的計劃，是要以西方醫學為本，再加上傳統的中國醫學，草藥和針灸等醫術。

我將進入的「上海第一醫學院」，其原有的設備是只為訓練四百名醫生用的，但現在卻一下子收容了二千名醫學生。

我對於自己被選上攻讀較短的專科課程，真是感到失望。但當我到學院註冊的那一天，一個奇迹出現了，我在信中這樣說：

>「……告訴你最使人興奮的消息，就是我本來被錄取在『上醫』專修科的，改為醫本科了，是五年制的，你說開心吧？我簡直有說不出的高興，神是那麼恩待我呢！這是我

最後的一個希望，祂都給我成全了，我實在不配。」

我所讀的課程是一般醫學院所設的普通科目，包括解剖學、生理學、物理學、化學、生物化學、細菌學、微生物學、動物學；此外，並有一般性的臨牀診斷，其重點是根據每一個學生所專修的科目而定。

我將要使自己的夢想變成事實，學習怎樣診斷、開藥方、施手術、接生，並在緊急情形下，沈著應付。在未上第一課時，筆記本還是空白的，我已經憧憬著自己怎樣使用聽診器、藥丸、夾板、綳帶、一樽樽的藥水；但在這甜蜜的美夢後面，卻存在一些恐懼。

我是個信奉基督的女孩子，父親是牧師，因開罪了共產黨而被放逐，但是我並沒有喪失甚麼權益，反而在神安排的各種環境配合下，成為一個醫科學生。本來我很可能被送進勞改營中，飽嘗喪失家園、飢餓、被禁錮在戒備森嚴的牢房中之苦的。

「神啊，求祢保守我單純的心志。」我祈求神，心中想到那些在這新生國家中，因面臨喪失家業、威迫、暴力，而放棄了自己信仰的人。「求祢使我配為祢的名在學院中作見證，求祢作我的神，就像祢是父親的神一般。」

音樂原是我最喜愛的學科，也是我希望能成為終身事業的，但是共產黨政府卻要我選擇醫科，我以為神是會贊同的，神的風（靈）隨己意吹，把我帶到上海來，一切發生在我身上的事都不是偶然的。

註冊的日子到了，我參觀了那一塵不染的演講廳、實驗室、宏偉的膳堂、圖書館、辦公室。磚匠、泥水匠、秩序井然的非熟練工人，正在完成宿舍及課室的最後工程。

上海的天氣素來是那麼潮濕和令人感到不舒暢，跟我在華北的家鄉完全兩樣，但是現在已到秋天，涼快舒服得多了。樹葉的顏色在改變，也慢慢地脱落，我收拾好僅有的幾件衣服，就像當時的人一樣，隨身帶很少行李。我再寫了一封信給哥哥：

> 「學院四周的環境十分優美，前身是『上海國立醫學院』，是在一九二七年成立的，宿舍離這裏只有五分鐘路程，每間房可容十四人，睡的是雙格睡鋪。我在明天遷進去了。我被派專攻小兒科，請為我禱告，使我不單為作醫生而準備自己，也能經過這五年的訓練，有一天證明神在我身上的恩典。
>
> 「我不能把祂對我的愛形容於萬一，當我

寫這封信時我一想到這件事便啞口無言。我沒有擁有甚麼或作過甚麼事，值得神恩典的保證，我需要你禱告的支持，使我不致跌倒，在人的眼中，作醫生是十分光榮的事，但是我早已感到撒但用很巧妙的方法，把驕傲放在我的心中。

但願我無論受到怎樣大的引誘，都不會因地上的名利而丟棄了神。」

我關了燈，想到自己將是全班中年紀最小的女孩子，在新中國，將留下一個小小的紀錄。從前在家中的日子，我一直得到家庭和教會的保護，成為我堅強的後盾；但是我不能停留在孩提的時代，雖然家庭和教會曾是我的力量，但現在相隔幾千哩，我只有直接的仰望神。

雖然我不能完全明白，但是毛澤東的雄心，卻是要那些受到特殊待遇的醫科學生，一方面學習醫學知識，一方面又要像病人吞服藥丸般把共產主義吞服進肚子裏，他所憑藉的是游說，不是武力，「風吹草自低」。

在舊約時，人們這樣問但以理說：「你所事奉的神能拯救你嗎？」雖然那時我還是個不足二十歲的少女，但是我懷疑我在神的學校中，已被升至較成長的班級，我正離開那得到蔭庇的初級學校，進入一個更嚴峻的地方，在那裏的敵人是極可怕的。

我並不尋求輝煌的勝利，我只想有機會靜靜地證明神的豐足。「我的心哪！」詩人說：「你當默默無聲，專等候神！因為我的盼望是從祂而來。惟獨祂是我的磐石，我的拯救，祂是我的高臺，我必不動搖。……我的拯救，我的榮耀，都在乎神，我力量的磐石，我的避難所，都在乎神。」（詩六十二）。

在課室、實驗室、宿舍、病房——惟獨神是我的拯救。明天、後天，如果我不倚靠神，我將遭挫折，受打擊。

今天，我以感恩的心回顧那幾天的變遷，我曾經犯錯，遇到不幸，也流過淚，每當我將失去自由時，我便會在睡眠中受到惡夢的侵擾，我曾經在整整的一年中，為著自己的前途苦惱，明天我會身在何處呢？下星期又怎樣呢？我們一家人是否有重聚的一天呢？

那些日子裏雖也有趣事和笑聲，卻絕少開玩笑。曾試過有這樣沈痛的一天，經多個小時的疲勞問訊後，我這樣問：「神啊！只要我心中相信祢，口裏卻不說出來，不也是一樣嗎？我若不認祢的名，祢能體諒我嗎？」

我曾被監禁了好幾天，後來竟然違背管制，

自行開門跑到操場去，外面下著雨，我完全失去了恐懼之心，我想那時我瘋了。

「神啊！祢在哪裏？」我在黑夜中高聲的呼叫，「祢不再顧念我了嗎？」我全不覺得正在下雨。

祂很快來到我身旁。

「妳應該知道，」神低聲說：「妳曾經歷過我的同在，別人可以懷疑，你卻不應該這樣。」

又一個新的黎明開始，我得著了安慰。

朋友鼓勵我把這些在上海時從神的學校中學到的功課與別人分享，然而我是個靈性軟弱的人，不是領袖之才，也不是能啟發人、激勵人的強人；我僅是個微不足道的基督徒，卻有偉大的神同在，用倪柝聲的話，我是「在撒但境界中神所建立佔用的神聖領地。」

禱告

「我把生命中一切的際遇，都看作是祢給我的完美禮物。我欣然接受生命中的哀傷，視為祢給我經過化妝的禮物。無論在任何時刻——早晨、正午、晚上；春天、夏天、冬天——我都敞開我的心靈；或在艷陽天，或在下雨的日子，我都將以喜悅來讓祢進入我心。」

——佐治．馬迪遜

（George Matheson）

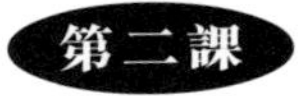

承認祂

沒有人能逼使一個人，不論是有名無實的基督徒或異教徒，歸向基督。所有基督的追隨者，必須在世人面前高舉祂，把祂帶到不認識祂的人們所在的角落和漆黑的地方，把祂介紹給陌生人，向人人談論祂，並緊緊地靠近祂，活在祂裏面，使別人從他們看到真的耶穌，因為確實有人藉此證實了這件事。

——比蒂 · 斯坦（Betty Stam）

（她在二十餘歲時，與丈夫一起死在共產黨手中）

我在接受醫學訓練期間，上海就成了我的家，上海是通往長江平原的咽喉，是中國最大的海港，有著一百年的歷史。一八四三年時，上海仍是個漁村。

在北方我住的地方靠近海邊，但是我從沒有見過這許多人，大約六百萬，單以生活方式和外表來看，上海可說是最洋化的中國城市，而直至解放前，上海一直都是個國際性城市，是外國人在中國經商的根據地。由於當時中國內陸的交通仍未發達，又須倚靠國際性的資本和貿易，結果中國的工商業發展，主要便集中於上海、天津、廣州等口岸。

上海是個到處都是辦公大廈、忙碌的工廠，及大量勞動工人集中的地方，雖然這裏所享有的宗教自由，遠超過其他內陸地區，但到處也有些變動，似乎只有天氣才不受毛澤東的影響。

某些範圍內的改進是值得稱讚的，食物的分配有了改善，賭博、娼妓、盜竊等罪行已在減少，年輕人充滿了一種新的民族主義和愛國主義，不過對家庭的傳統效忠，已被對國家的效忠所取代。

我以自己是中國人而感到自豪，在開課前數星期接待我在她家中居住的護士，亦與我有同感。這護士的父親曾在我父親的教會中講道。她介紹我到她那在南陽路的教會聚會，那教會的負責人倪柝聲當時正在獄中，他是個非常好的聖經教師，他不肯閉口不言或是妥協。

我們坐單層電車去參加主日聚會，在我的家鄉參加聚會的人數已減縮，但是在這教會中，我看到約有一千位神的兒女在唱詩、祈禱、聽道，他們緊握著可能將要失去的自由，大家的交通是十分美好的。

在教堂外面，毛澤東的肖像紛紛掛將起來，印在海布上、繪在牆壁上、綉在絲綢上、或以水坭雕塑出來。昔日羅馬人也曾高叫：「神聖的凱撒萬歲！」但他們卻從沒有像現時的中國一樣。

教堂內，亞伯拉罕、以撒、雅各的神，我們主耶穌基督的父神，仍然是敬拜的源頭和中心，「哈利路亞，因為全能的神在掌管一切。」

聚會中，我重溫我初到上海時投考的經歷：「妳仍舊是基督徒嗎？」主考官這樣問我，他不是漫不經心地提出問題，一切個人的私隱都得公開，那主考官毫不客氣地說：已經「解放」了四年，我應該早已把有神的舊思想拋到九霄雲外。

「我想繼續作基督徒。」我輕聲地說。

「妳必須接受再教育。」他打斷了我的話，然後在冊子上作了一個記號。要是他看到我在倪柝聲的教會聚會，他的觀感一定會大大的增強，因為在那裏的人都被稱為愛耶穌的人。

我向神提出一個請求：「親愛的主啊！要是在學院中能找到一個真正的基督徒朋友，大家可以在一起禱告，分享，傾吐關於家庭的事，對我將是極大的幫助。」

神曾經説過：「看哪！我與你同在。」我是一個牧師的女兒，然而我缺少單單信靠神的經歷，我需要一個朋友，一個年紀跟我相若的女孩子。

學期開始的第一天早上，我焦急不安地跟那個熱情接待我的姊妹一同禱告，她求神在我學習中賜我心靈和身體的力量和康泰，她召了一輛三輪車，載我到以前的法國租界，當時三輪車是很奢侈的交通工具，法租界是在上海郊區南面，醫學院在那裏是與一間很大的醫院相連的。

三輪車在崎嶇不平的路上行走的時候，我提醒自己必須要向別人表明自己的信仰，作為我新生活的開始，耶穌自己不是這樣説過嗎：「凡在人面前認我的，我在我天上的父面前也必認他；凡在人面前不認我的，我在我天上的父面前也必不認他。」（太十 32~33）

「要謹慎小心啊！」披上天使衣裳的撒但低聲對我説：「要是你一定要信，也得謹慎一點，耶穌不是説過嗎？『你們禱告的時候要關上門。』妳這樣做，妳的訓練便會為妳打開很多的門，沒有人會知道你父親是牧師，也沒有人知道妳在教會中彈聖詩，妳現在離家幾百哩，可以建立妳的新生活。」

這樣的試探並非毫無吸引的，而任何的試探很少完全沒有吸引的，試探還令人有一種緊迫可怕的感覺，「撒但，退去吧。」

我們抵達校門時，發現自己並非惟一的新丁，原來全校共有五百名新生，他們都攜帶著鋪蓋和碗筷，我們進入一所四層高石屋的大門，注意收取信件的地方，看到像迷宮似的長廊，一直引到辦公處和教授的宿舍。

新生談話時都用低微的聲音，但舊生都在大聲招呼，高談闊論，彼此交流經驗，發洩強烈的情感。學生選讀外科、內科、婦科、產科、兒科、公共衛生科等，我因獲選讀小兒科而感高興。

第四年時，一個未獲得專業資格但卻有世傳經驗的年老中醫，每週為我們講授兩小時的傳統中國醫學，他亦是醫院的老人和奇難雜症科的顧問。

「妳懂俄文嗎？」有人低聲問我，我搖搖頭。英文書籍已在一九五〇年一次淨化過程中被丟棄，取而代之是俄文和中文課本，但是由於這一類書籍的缺乏，所以只好用數以千計的手抄蠟紙油印應付。

學院佔地之廣使我大感驚訝。離開了行政大樓，穿過美麗的校園，和整齊排列著教授及高級講師的獨立房子，便抵達新宿舍。在這些宿舍的後面，是一些不甚穩固的用木料蓋搭的建築物，住著麵包師和裁縫師，裁縫師是個徹頭徹尾的工匠，善於針補和把舊衣服翻新過來。

學院的「心臟地帶」是膳堂，重要的活動及授課亦在那裏舉行，一行行可坐八人的方桌整齊地排列著。

膳堂內共有二十個蔬菜及肉食分派處，我加入了其中一個行列，我實在感到飢餓。肉是根據一定的分量派發的，但飯卻供應充足，我便自己動手。

我把飯菜拿到一個角落的桌子上，在家時，無論誰在場，我們都會有飯前禱告，父親會用洪鐘般的聲音說：「主啊！感謝祢供給我們一切的所需……」沒有人會聽不到他的聲音，在我們的小家庭中，他會用在教會講道同樣的聲浪。在日治時期，有時候糧食缺乏，但謝飯卻一定不缺少的。但是如今在我四周都是未信的人，我又遠離家庭，我應怎麼辦呢？

這是我入學以來所遇到第一個真正問題，我思索著，剎那間一種恐懼感油然而生。「你要把握第一個機會去承認基督，等到第二個機會時便困難得多了。」這些話在我腦海中閃過，現在正是我的機會。

我必須閉上眼睛，靜靜地感謝神，我用很迅速羞怯的目光看了一眼，跟著低下了頭。

「主啊，為著這些日子及祢一直的帶領，我要感謝祢，我終於到了這裏，為著檯上的食物感謝祢。這膳堂裏大概沒有別的基督徒，假若有的話，現在求祢引導她（他）的眼光注視在我身上。」

我實在極渴慕神和弟兄姊妹的交通，我正踏上很多世紀以來那些有熱切希望和理想的人所走過的遭受挫折的路，但我不會被淹沒，當我公開表示我的信仰時，我將會快樂自由得多。也許我是個無用的門徒，但我希望永不會成為隱藏的信徒。

「讓他們都知道我是基督徒。」

我再張開眼睛時，一個女孩子正大踏步向我走來，她有一頭長長的秀髮，梳著一般信徒慣常的髮式，無論她的眼睛，滿有光彩的面孔，滿有信心的步伐，都顯明她是個基督徒，她一定看到我在祈禱，她精神抖擻地伸出手來，臉孔在發亮。

「親愛的主內姊妹，」她說：「歡迎你到這學院來。」

這是十分甜蜜的話，耶穌說：「瑪利亞。」我就像前往主墳墓的那女子，內心充滿了喜樂。

她用手向膳堂的另一端示意，我驚奇地看見八、九位年輕人大踏步朝我們走過來，稍後我知道他們都是學院團契的成員，他們一直在找尋一些以謝飯這個簡單的行動去表明他們信仰的基督徒。

「神啊，祢這樣的恩待我，讓世人都知道我是屬於祢的。」

我只是求祂賜給我一個朋友，但是祂卻以超過我所求的百倍加給我，在二千名學生之中，有一班基督徒存在，他們雖然極忠於國家，卻不採納馬克斯的觀點看事物。這些基督徒，要跟那些思想改造者、洗腦者和常常都是那麼活躍的青年團分子挑戰。

這件事發生後不久，我便寫信給家兄明理：

> 「我們已經上課四天了，功課是緊張，無論如何，好像是大學了，在基本課程上我們大家在一起上課，有分析化學、物理、生理、俄文，政治等，神奇妙地帶領我跟別的基督徒見面，我不能詳細描述，也許等到有一天祂使我們重聚時，我會分享這一些。我們每天晚飯後，在六時至七時之間，大家有交通，我已蒙神這樣的賜福，全校二千學生之中，基督徒有一百人。
>
> 「每週五那些完全奉獻為主使用的人都接受培靈訓練，我們一共有二十五位，現在我們正尋找應怎樣根據團契的需要而分配每一個人的工作。我很可能要當畢業班同學的司琴，我們都有一個共同的願望，希望神藉

著我們這一班代表基督的肢體的人，彰顯祂自己。

「我在宿舍中仍然找不到一個基督徒，不過各人都很沈默，大家都不願意透露太多關於他們個人的事。我們都來自中國各地，委身給主要付出異常重大的代價，我需要額外的恩典、保護，特別是洞察力，求你為我禱告，特別為這一件事。」

禱告

我應如何為著恩典感謝祢，
就是施行在我和全人類身上的。
哦！讓我的氣息都成為讚美，
哦！讓我的心都充滿了神，
那時我的心將會洋溢著愛，
我的一生都顯出祢的榮耀。

——查理士．衞斯理
（Charles Wesley）

討祂的喜悅

共產主義的勝利帶來了最大的倒退，使基督教在中國至少要受半個世紀之苦，並威脅基督教在中國的存在。表面上共產黨容許人民有宗教信仰自由，但這是他們所指定的那一種自由，他們竭力從各教會中徹底地除去一切他們認為是外來的帝國主義的東西。到了一九五二年，所有天主教和基督教的傳教士，不是早已自願的離去，便是被驅逐出境，留下來的一小撮，有些被下在獄中，其他的則被軟禁在他們的家中，不能繼續日常的活動。大約在這一百年來，在中國的外國傳教士的人數，從來沒有這樣少的……教會領袖及會眾都受到共產主義無神論的洗腦。

——《基督教史》K. S. 拿度勒華

(Kenneth Scott Latourette)

我以為在整個亞洲也沒有一個人像我的父親。不論是家庭、社會，一次旅行，一頓飯，都會因他的出現而立刻有了生氣，他能夠令煩悶的日子變成開朗，一頓家常便飯變成美味佳餚，無論他在哪裏出現，他都能夠把星星之火般的信心，燃點成熊熊的火焰。

父親很遲才接受常規教育，那是在他差點要絕望的時候，十四歲那年，他準備開始做一份成人的工作時，才有機會進入一家差會學校幾個月，學校離家要走五天的路程，但是就要走上一個月的路程他也願意。由於他十分聰明好學，所以他的母親不惜借債，使他能在這學校繼續他的學業。後來他取得教員的資格，又進神學院進修，一方面完成課程，一方面要養活自己和母親。作了助教後，他在北京燕京大學進修一年。

三十三歲那年，父親結了婚，後來一共生了九個孩子，其中五個夭折了，只餘我兩個哥哥、一個妹妹和我。以西方的標準來說。我們是貧窮人家，但是在音樂的創作、歌唱、喇叭、鋼琴、以及家庭中溫馨的愛上，我們卻是富足的。

共產黨執政後，我們的小天地開始瓦解，刺骨的寒風竄進我們的家中，雖然在我們居住的城市，他們初期的行動並無令人反感的地方，但是我們已經開始日夜在擔憂，毛澤東曾經吩咐他的下屬：「我們的同志不論到甚麼地方，都要和羣眾的關係搞好，要關心羣眾，幫助他們解決困難。」

他們又提倡一種新民主政策，要人民當家，關心人道立場。他們的「八項注意」是十分著名的：

一、説話和氣。

二、買賣公平。

三、借東西要還。

四、損壞東西要賠。

五、不打人罵人。

六、不損壞莊稼。

七、不調戲婦女。

八、不虐待俘擄。

雖然是這樣，這時候似乎已經瀰漫著一種預感。一九五〇年，就是中共宣布建國後第二年，他們開始對我們的教會打著不良的主意。

這教堂是父親在年輕時一手籌款建成的，他親自監督各樣的建造和擔運等工作，這教堂曾有幾代人在裏面祈禱和聚會，對於父親來説這真真正正是神的殿。

當共產黨黨員到教堂來視察，準備暫時借用時，父親的心像被刺傷，眼中亦流露出悲痛的神色，他們解釋説這次是作社區性的用途，並提醒他這是他表示與共產黨合作和友善的機會。一個由共產黨組成的社團在他的教堂中開會，他驚得呆了。

他首先跟他們約法三章，才准他們在教堂召開地區性會議，當他們公然地違反這些規條時，雙方的對峙便開始。一九五一年一月二日，父親為避免被捕，便在入黑後離家而去，想不到從此便一去不返。

他們把十項罪狀加在他身上，其實可歸納成一項，就是他那鐵石般不能移動的信心。這信心不論他們怎樣哄騙、懇求、威嚇，都不能稍為搖動。他以崇高的愛去愛他的家、他的家人和所熟悉的這城市，但他更愛的是基督之名的尊榮。

他對共產黨革命的某些方面是很佩服的。當毛澤東說：「我們應該謙虛、謹慎、戒驕、戒躁、全心全意地為中國人民服務。」時，他是能夠說阿們的。他心目中所渴望做的，不是要反對共產黨，而是要為神，這是他認為最重要的事，他的標準是絕對的，不能妥協的。

父親有一個很簡單的問題，作為他生活的法則——「這事能否討神的喜悅呢？」

「我只有遵行神的旨意，才能討祂的喜悅，」他會這樣說：「而討神的喜悅是我做人惟一的目的。」

他就用這個問題——「這事能否討神的喜悅呢？」把一切大小的決定，無關宏旨的小事，或牽涉生死的大問題，都放在永恆的國度中。要是因討神的喜悅而帶來逼害，他會像使徒彼得一般地說：「順從神，不順從人，是應當的。」（徒五 29）

舊約的偉人以諾，就是個好例子：「以諾因著信，被接去，不至於見死，人也找不著他，因為神已經把他接去了；只是他在被接去以先，已經得了神喜悅他的明證。人非有信，就不能得神的喜悅。」（來十一 5~6）

共產黨未來臨之前，就是在日治時期，討神的喜悅還比較不那麼複雜，就像在一條直路上走，不被路標所左右，只需全神貫注在目標上；但是現在這條路已不再是直路，並且對於千千萬萬的人來說，是去經過死蔭幽谷。

那時候人要作的是嘔心瀝血的選擇——討神的喜悅呢？還是討好政府？他企圖找到一條中國人的中庸之道，但卻並沒有這樣的路，因為他所處的社會，對他所做的感到懼怕，並且要消滅他的神。毛澤東說過樣的話：「我們的神不是別的，乃是中國人民。」

「不論在任何情形下，我都要服從神，」父親說：「我寧願選擇與神的百姓一起受苦，也不願享受罪中之樂，為基督受苦比得到埃及的財富更寶貴；我會被判定為反動派，這是很遺憾的事，但是我更害怕神的審判。」

他想到聖經中，亞當和夏娃之子——該隱的弟弟亞伯，是個牧羊人，他的哥哥是種地的，他的供物比該隱的更能討神的喜悅，希伯來書的作者以為「信心」是其中的原因，這兩兄弟知道神對他們的供物的態度不同，亞伯能討神的喜悅，該隱卻使神不悅。

父親看到討神的喜悅並不能使生活過得舒適些：亞伯被殺了。「亞伯因著信，獻祭與神，比該隱所獻的更美，因此得了稱義的見證，就是神指示他禮物作的見證，他雖然死了，卻因這信，仍舊說話。」（來十一4）

父親會這樣解釋：「亞伯能得到神的喜悅，是因為他十分重視神的感動和啟示；該隱卻隨著自己的想法，所以他雖然拿地裏的出產為供物獻給神，卻不能討神的喜悅。」

我們利用課餘時間，在學院的團契裏討論這問題，得到的結論是：在每一個人生的十字路口，都應該問四個問題：

一、這件事是否榮耀神呢？保羅對哥林多教會說：「所以你們或吃或喝，無論作甚麼，都要為榮耀神而行。」

二、這件事是否造就人？保羅曾經提出這樣

的忠告：「無論何人不要求自己的益處，乃要求別人的益處。」

三、這件事是否幫助人？或使人得益？「凡事都可行，但不都能幫助人，凡事都可行，但不都能造就人。」

四、這件事是否轄制人？保羅說：「凡事都可行」，但他跟著加上一句：「但我總不受它的轄制。」也許購買、擁有、使用某一樣東西是合法的，但是為了基督的緣故我不去做，無論擁有這樣東西是多麼美妙的，或得到多大的快樂！

我又告訴學院團契的團友，關於父親一個表親的事，這表親是個很聰明、受過很好教育的女子，她曾任上海一間女子聖經學院的院長，她的人生觀跟父親十分相似，她每逢到商店購買衣料縫製新衣之前，一定經過很多的考慮，但是要她真的到那店去卻需要有一個奇迹，她在決定的一刻會問自己：「我這樣做是否討神的喜悅呢？」

無論她是在選購衣服、梳某一髮式，或訂定時間表，她都靜靜地默想一下，結果她往往打消原來的念頭，神要把她的時間金錢用在其他方面。

「希望得到甚麼東西才算是好的呢？你可以問問上天，」克利．高那列珠（Hartley Coleridge）曾寫過這幾句話：「你所想得到的是不該希望的；

或是有一些願望是你不敢向神禱告的，那麼就求神為你打消這念頭。」

「聖經告訴我們主耶穌不討自己的喜悅，」一個老傳道人說：「這使主陷於一場內心的爭戰中，這是因為如果討神的喜悅，就會令祂的家人，國家的領袖，猶太教德高望重的長老等不快，也會令朋友離棄祂，敵人中傷祂，甚至被國人視為賣國賊。」

保羅曾經這樣自問：「我現在是要得人的心呢？還是要得神的心呢？我豈是討人的喜歡麼？若仍舊討人的喜歡，我就不是基督的僕人了。弟兄們，我告訴你們，我素來所傳的福音不是出於人的意思。」（加一 10~11）

在神的學校中，我很快發現討神的喜悅，往往使我們周圍的人不高興，因為保羅曾說：「原來體貼肉體的，就是與神為仇。」（羅八 7）

禱告

但願我只做那些討祢喜悅的事。

與祂交通

就如我總是昏睡的腦袋，每晨卻都能醒過來，真是多麼的美妙；而在這寂靜的時刻，基督是如此的真實，就像只要我伸出手，就能接觸到祂。我正在學習陶恕博士（Dr. A. W. Tozer）所說的「察覺祂的同在」，世界上沒有甚麼比這一件事使我更心滿意足，也使我充滿了一種無法描述的屬靈交通的喜樂。

——《尋》楊宓貴（Isobel Kuhn）

中國各地的基督徒，不論國籍、背景，都在面臨被批判、說服、再教育。傳教士葛菲爾·布雷曾被共產黨監禁了三年，後來他在《當鐵幕降下》一書中，敘述他怎樣被捲入一個全國性的鎮壓反革命分子的運動中，在重慶，一夜之間便有四千人被捕，使所有的監獄和拘留所都有人滿之患。在這恐怖的統治中，父親檢舉兒子，兒子檢舉父親，母親和女兒也檢舉丈夫和兄弟。

一個跟布雷一同坐牢的人告訴他說，他曾在一個羣眾大會中看見有六十八人在瘋狂的羣眾面前被屠殺，羣眾要徹底消滅這些人民的公敵，布雷每天都受到被處死的威脅。

他表現出極大的勇氣，無論是生是死，他都祈求能把耶穌之名掛在唇邊，他沒有聖經，也沒有同伴，精神又受到打擊和疲乏不堪，他常常被關在漆黑的牢房中，信心是靠著與神的交通維持，他始終相信藉著有系統地默想聖經，才能夠抵受得住。

我有自己的聖經，有其他的信徒在我身旁，而我是一個學生，不是監犯，但我仍然感到這種個人與神的交通是怎樣的不可缺少；沒有了這種交通，我的信心早已在橫掃中國的狂瀾中消失得無影無蹤了。

「我們是個有數億人口的國家，但是我們團結起來就像是一個人一樣。」共產黨這樣說，但是我要効忠的是基督——不是過去的中國，不是革命，不是資本主義，而是救主。

但願我們的家有重聚天倫的一天，父親和大哥明理正在香港為生存而奮鬥，二哥正為未來的事業作打算，媽媽和妹妹則仍留在北方的家中。我曾祈求神讓她們能遷到上海來，因為這裏有較多的自由，並且距離香港較近。

一九五三年十一月，母親和妹妹開始踏上一千英哩的路程，就是說她們要捨棄家園和個人的財產，但那是次要的事，我寫信給大哥說：

> 「我是多麼高興呢，今天下午見到了媽媽同蔚妹，最感謝主的是媽媽一點也沒暈車，她們因多次換車，所以阻遲了八小時，她們抵步後，我立即帶她們到那位安排她們住宿的姊妹家中，這姊妹的家很小，但是她非常的客氣，我要帶她們到本地的公安局報戶口，一切都順利。我很擔心有問題，在路上不斷禱告，神奇妙地幫助了我們，祂沒有一樣好處不給我們，祂是我們的神，我又一次溫習祂曾怎樣引導我。
>
> 「我們的生活十分忙碌，除了上課和參加團契聚會外，我把所有的時間都用在書本上，

但常常感到時間不夠用，我們逢星期一、二、四都有祈禱會，星期三是團契和交通聚會，星期五是查經班，還有早禱的時間，我特別請你為我們團契計劃快要舉行的佈道會禱告，從人的觀點來說我們是做一些不可能成功的事，要是我們靠自己便甚麼也不能作，但是我們知道有需要把福音傳給我們的同學，雖然當局知道我們的安排，卻沒有加以制止。」

我們的早禱會是在藥劑部平坦的天台上舉行的，我們在私禱後，大約是早上六時後，二十至二十五人便相繼抵達。冬天是寒冷而潮濕的，我們也就是一羣要抵受風吹雨打的基督徒，並不是蒙召去過寫意或舒適的生活，戴德生曾說過：「豐盛和苦難都可能是神的祝福。」在降霜的早上，跪在墊子上，一同禱告，這是神所賜福的一種豐盛，但是沒有人知道這將維持多久。

「弟兄姊妹，今天早上請為我代禱，」有人低聲地說：「我的信心正在減少。」

有人在懺悔說：「昨天我失敗了，我沒有表明自己的立場，我很痛苦，請記念我。」

「請你們為我的家人祈禱，」我請求他們。

我們默默的禱告上達於神，而當我們更接近神的時候，我們彼此的關係亦更密切。

一九五三年聖誕節那一天，我寫了下面的一封信：

「今天是二十五日，向你致以聖誕的祝賀，跟早年比起來，現在這裏很少有慶祝聖誕，但在上海總比在家鄉多點，當我看到一間教堂外面擺著一棵聖誕樹時，心情便特別開朗。昨天我們搬了宿舍，是搬進新房子來，我們房間裏住了七人，我是惟一的基督徒，但是有一件事我要跟你分享的，就是一週前，我從前的一個同房終於鼓起勇氣，向我承認她是基督徒，這是因為她看到我讀經和祈禱，其實她是住在我的上牀的，我當時為她感謝主，一方面承認我的虧欠。

「為甚麼我的生命不能給她勇氣和信心，使她一開頭便把這些與我分享呢？是因為我當時不夠愛心嗎？

「我們實在不可能去問，每一位同學他（她）是不是基督徒，我曾告訴你班中有五位姊妹，但現在又發現了兩位，我們的一班跟主修產科的開始了一次交通會。

「新年時我們的團契將一連三天為學院的同學舉行佈道會。我不知反應怎樣，但是我祈求我的生命不會攔阻任何人歸向基督，我愈來愈覺得這方面的重要性。

「我們的查經班已開始查以弗所書。」

這封信就像其他的一樣，是寫在美國紅十字會的記事簿上，是我在路邊的攤子上購買的。週末時，我到上海一些地方去看看五光十色的攤子、商店、菜館，以各類物品供應一個人口密度最高的城市，騎腳踏車的人和行人在街道上混雜，但各人往往很少有時間在街上閒蕩。

「過去的三個星期，功課的壓力是這樣大，使我疲倦得不能按時早起，請為我代禱，能在五時三十分起牀。這是很困難的事，但是我必須這樣做，因為只有藉著禱告和讀經，我才能得到那一天所需的力量。鑑於每日繁重的功課，我需要有半小時到四十五分鐘的時間靈修。我們每早六時四十五分早操，七時三十分便已在課室。讚美神，祂每天早上都不使我失望，這一定是我的祕訣，但我知道我是十分軟弱的。」

同班的基督徒除了參加全校的團契外，更表示渴望能有私下的交通，我們需要相聚，惟一的可能是早上十分鐘小息的時間，求主引導。

「我知道你沒有忘記在家鄉的弟兄姊妹，無論甚麼時候想到他們，我都視他們為這一場賽跑中的先導者，雖然我們可能同時間開始，但是我們不像其他的運動員一般地競爭，我們彼此激勵，這不是一件容易的事，而且愈來愈艱難，尤其是當那些在這信仰中曾一度跟我們在一起的人，給我們帶來試煉的時候，他們的十字架比我的沈重，但是感謝神，因為他們為我的生命立下了根基。神知道我是多麼容易跌倒，所以祂把我到處挪移。」

跟神交談中睡去，醒來時與祂交通，並整天跟祂保持聯絡，是我們的目標，是我們看不見的資源，要是我們以一種聖潔的態度開始，承認神有絕對的權力，我們完全要倚靠祂，這樣我們便不至於失敗。我們正面對許多實際的問題。

「日子變得更為黑暗，早上我不能再在鋪蓋上讀聖經，窗外的燈壞了，我不能開房內的燈，因為這樣會弄醒別人。我十分安靜地離牀，讚美主，我在走廊找到一處微弱燈光照射下的角落，那裏的燈光僅僅足夠我閱讀，當然在起牀的鈴聲響過後，可以開亮燈，但是你可以想像當時的混亂情況，在不是下雨和落雪的日子，我可以坐在室外，那裏空氣十分清新，我寫這封信時，就是在室外這一個地點。」

像楊宓貴一樣，在晨曦寂靜的時刻，我找到非筆墨所能形容的與神交通的喜樂、基督是這麼真實，使我感到只要伸出手，就可以接觸到祂。

禱告

神啊，祢是我的神，我要切切的尋求祢；
因祢的慈愛比生命更好，
我的嘴唇要頌讚祢。
我的心就像飽足了骨髓肥油；
我也要以歡樂的嘴唇讚美祢，
我在牀上記念祢，
在夜更的時候思想祢，
因為祢曾幫助我，
我就在祢翅膀的蔭下歡呼。
我心緊緊的跟隨祢；
你的右手扶持我。

——詩篇六十三篇1、3、5~8節

在祂面前破碎

不是雅各摔跤，而是神來和他摔跤，使他最後完全降服。摔跤的目的是把一個人摔倒，直至他不能動彈；向得勝的一方降服。但是關於神方面，這裏說甚至「勝不過他。」雅各有極大的體力，我們大部分人都十分清楚這是甚麼意思，我們自己是那樣能幹，我們用各種與生俱來的天然本能去保護自己……有一天我們必須承認失敗，承認自己一無所有，一無所能。

——錄自倪柝聲《成為基督的樣式》

我親愛的哥哥明理，從香港寄一些小包裹來給我，使我喜出望外，這些包裹中很少有奢侈品，而有時候卻有從天上來的使者，其中之一是奈·克遜的《各各他道路》的中譯本，這本小冊子在一九五〇年出版，現在已有四十種語言的譯本。當時這本書的作者和出版商都不會想到它能成為一本這樣暢銷的書籍，但神卻特別使用它，這本書本身就是一次復興的產品，神首先在東非盧安達的雛形教會中彰顯祂自己，這一次的復興一直擴展至烏干達、肯尼亞、坦桑尼亞等國家，成千上萬的人找到生命的意義，包括宣教士在內。

一九四七年四月，奈·克遜覺得自己靈性上有很大的需要，於是他邀請幾個東非宣教士到英國來，在他安排的一次聚會中講道，他在聆聽時，發覺自己是整個聚會中有最大需要的人。

> 「當我太太和其他的人謙卑下來，並蒙耶穌的血潔淨時，我發覺自己被遺留在很高的旱地上——乾旱是因為我高高在上。原來要得復興和被聖靈充滿所須做的事是那樣簡單，這才使我謙卑下來。」

他在這次聚會和以後幾個月所學到的，大部分以文章的形式刊登出來，後來並收集在《各各他道路》一書中。

現在，這本書流傳到了上海，文字是我所懂得的，大哥明理被這書深深地吸引著，他知道這本書的信息對我將是一種挑戰，書中再三出現的主題是人需要在神面前破碎自己，在基督的十字架下破碎，就像基督真的為我們破碎一樣。

主啊，請折服那驕傲頑強的我，
助我垂下頭且死去；
看那在加略山的一位，
曾為我垂下頭來。

我給大哥明理寫了一封信：

「您為我寄來的兩本書，我早就收到了……我在看《各各他道路》，對我大有幫助，首先讓我看到的是我還沒有完全破碎自己，因此基督的能力不能藉著我被釋放出來。我一直為著自己禱告，使我有這心願，讓主來破碎。我正看到第八章，不能讀得太快，因為我要默想和把這些應用在我的生活上，若是還有甚麼好書，請多寄來。」

有些意念對於我是很新的，我開始對基督的血，及我們能夠「行在光中，因為祂就是光」之前，所必須擔當的角色，有了新的認識。在書中我念到行在光中，就是與基督同行，所以我們不應有被束縛之感。而這裏的意思是指以一樣的坦誠對弟兄和對神。至於「行在光中」的目的，乃是要「彼此有交通」。那我是否行在光中呢？我在神和別的信徒之前是否坦誠呢？祂那得勝的生活是否充滿我並滿溢到其他人身上呢？我們是否真的視罪為罪呢（是自己的罪，不是別人的）？

我讀下去時，遇到了第二個挑戰。「新約聖經已經非常清楚地記載主耶穌期望我們要有奴僕謙卑的樣式。」一個醫科學生是不是僕人呢？祂「不以自己與神同等為強奪的，反倒虛己，取了奴僕的形象，」這種奴僕的職分是在服侍別人方面表現出來的。「我們原不是傳自己，」保羅說：「乃是傳基督耶穌為主，並且自己因耶穌作你們的僕人。」這是十字架的道路，我自己對這種謙卑自己和破碎自己有甚麼認識呢？這種降卑之路是否惟一向天之路呢？我是否願意讓神的光進入我生命每一部分及一切的關係中呢？

我像發現了新寶藏一般地與別的基督徒分享《各各他道路》，雖然奈．克遜說這並不是甚麼令人驚異的新教條，但無論神放我們在任何景況，書裏面的教訓應該是我們每日所過的生活。這本書對於每一個學生都有不同的話要說，但其結果是一致呼求神破碎我們。

我曾經歷一些靈性的軟弱，那時我受到一個很可愛的女孩子的困擾，因這女孩子對神給她的豐盛，常常表現得非常興奮，說：「耶穌真是奇妙啊！」在我們的教會中，我們雖都愛神，卻素不形於色；她這有誠意的表達，我卻覺得不很習慣。

整天想著父親的遭遇使我感到情緒低落和退縮，在絕望中我只是相信卻沒有愛心，我為母親和她的健康而煩惱。「耶穌真是奇妙啊！」這話反引起我不妥的反應，我實在需要被破碎。

後來這一個反映基督之美的女孩子常常指責我，她曾兩次責備我不信靠神。這是很苦痛的經驗，有一天我終於開口快樂地讚歎在神裏面的喜樂，這時候我寫了一封信到香港去：

> 「有一件事我必須和你分享的，就是有時候我自己也不明白，神帶領我去學習卻把我帶到灰心、失望裏去。的確是這樣，但是我又承認，我心靈的深處，還是有平安和喜樂。因為我感覺我在摸著主自己，在祂沒有失望、灰心，而是生命、平安。這些失望、灰心，雖然是撒但的攻擊，但是今天，撒但反為我效力了；他的攻擊，是讓我更好的去認識主……更好的去仰望，依靠祂。

「我感到有點困惑，理論上知道一些東西是一件事，但要在經歷上了解它卻是很困難的。是否說在整個基督徒生命中我一直要繼續在衝突之中呢？我不想對你隱瞞這件事，但我感到情緒低落，以致我愈來愈不願意跟其他的基督徒有交通，我覺得自己很孤獨，自己清晨跑到大樓晒台上去禱告、讀經，有時差不多一個半小時，然後才去進早餐和上課。是否我有甚麼不妥呢？抑或有時神把我孤立，要我們學習一些我們單獨要學習的功課呢？但我感到不快，因為基督徒團契對我是何等的重要，這些都是一個身體內的肢體，而我沒有懷疑他們會為我禱告，為我擔憂。將來有一天我能不能跟任何人交通，還是必須單獨倚靠自己？但是我仍然有機會交通的時候，為甚麼會這樣子呢？

「也許是因為我太忙碌了，現在功課真正緊張，每天上課連實驗在內有七個多小時，而七小時的課差不多需要五小時自修，我們每天都參加一小時體育鍛練，使我們學習怎樣保衛祖國。我因為是北方來的，在班上同學眼光裏還是「棒」的，不可否認，北方人的體質比這裏的人較強，而跑步和體操對我是很有用的。雖然我停止了練琴，但感謝神，我已找到一個可以去練琴的家庭，在時間有限的情形下，我希望可以每週練琴三小時，我沒有老師，但只要我能保持我自己原有的水準，已心滿意足了。我在週末能有半天回家看看母親和妹妹，對我也是好的，這時候我會教導小妹彈琴。」

一九五四年四月，就是在學期中間，基督徒團契安排了一天的聚會，我早上因為要到上海為母親找一些藥物，所以沒有參加。下午我回來時，當時的主題是對神的坦白和誠實，這是我在《各各他道路》所讀到的。後來我寫了一封信給大哥明理：

「組長提議我們彼此之間要完全坦白，毫無掩飾。很奇怪的是當我們彼此敞開的時候，我發覺我們大家都分擔別人的軟弱，還記得我告訴你我靈性很低落嗎？從北方來的信，告訴我們那裏的弟兄姊妹靈性亦很低落。哥林多後書四章八節提醒我們：『我們四面受敵，卻不被困住；心裏作難，卻不至失望；遭逼迫，卻不被丟棄；打倒了，卻不至死亡。身上常帶著耶穌的死，使耶穌的生也顯明在我們身上。』

「我們都被打倒，經過年初的大復興，看到神怎樣大大地祝福我們的佈道會，是何等的奇妙！我想這並不是偶然的，而是神要我們經過這一幽谷，使我們明白不能夠以自己的力量去維持屬靈的水平。在今日的聚會中，神得到榮耀，他提醒我們應該忘記過去，從每日的信靠中得著新的力量。我們必須學習計算自己的日子，過去的日子已成過去。有一位弟兄提醒我們說，當以利亞在靈性低落時，神的天使來伺候他說：『起來吃吧。』因為他當走的路仍然甚遠。在這往加略山的路上，我們有一十字架，沒有人逼我們要背負這十字架，是我們願意肩負的；這是很沈重的，不能回頭，但當我們向前時，那裏也有甜美。

「醫生說媽媽有血壓高、心臟病、哮喘病，因為找不到她所需要的藥，所以感到很不開心。我們仍然在申請媽媽和小妹出境跟你們團聚，因為媽媽年紀大，身體又有病，所以我們應盡量申請她出境。」

懷著破碎的心，我們的團契發出這樣的呼喊：「神啊，可憐我們。」就如奈．克遜所說：「罪是人所共有的，而在耶穌腳下，罪得以洗淨，那是我們惟一能成為一體的地方。」

曾聽過一個虔敬的人在非洲的故事，使我們得到鼓舞。他在一次聚會中說出了下面的一件事：有一次他攀上一個山崗去參加崇拜的時候，聽見背後有腳步聲，他回過頭來，看見一個人背負著很重的擔子正登上這山崗，於是他充滿憐恤地跟他說話，然後他看見那人手上的疤痕，這是主耶穌。「主啊！」他說：「你是不是背負著世人的罪登上這山崗呢？」「不，」耶穌說：「不是世人的罪，僅是你的罪而已。」

禱告

主啊！我承認失敗，我承認我甚麼也不懂，甚麼也不能做；求祢把我帶到完全降服的地步，使我向祢這得勝者降服。

第六課

祂永不會錯

神啊，求祢為我們選擇，
不要讓我們有軟弱的意圖，
因而蒙蔽了祢為我們所定的美善的計劃，
神啊，求祢為我們選擇；
祢的智慧永無錯謬，
而我們只是愚蠢瞎眼的人。

我們學院的中國教授們，大部分都是從西方大學畢業。他們繼承了最高的傳統和專業水準，並曾嚴肅地保證要為全人類服務；本著良心和尊嚴去行醫，代別人守祕，以病人的健康為他們最關心的事，並且對人的生命，從胚胎時開始，便給予最高的尊崇。

他們不理我們是否共產黨員、佛教徒或基督徒，只以我們是初入行的人，而引用維哲斯特醫生（Dr. P. T. Regester）的話：「從事這種專業的人，只可能死於過勞，不可能死於空閒。」他們有些早於「解放」前已在學院任教，對人體內的腺、腸臟、膽囊、血球、動脈、靜脈的興趣，遠超過對共產黨；但是他們不能超然置身事外。

我們的學院，有一位醫學主任和一位行政主任，前者是毛澤東的醫學顧問。兒科主任是位女士，她的丈夫是外科教授，兩人都曾在美國受訓。我們的醫學院就像很多西方大學一般，每一系都有一位副教授、講師、副講師，除了上課時間外，便很少見到他們。

我在學業上的成績也不錯，有輝煌的時刻，有成功的日子。我接受毛澤東四個醫療的原則：「醫療工作應為人民服務；疾病預防應是最優先的工作；中、西醫學必須結合；醫療運動必須配合其他的羣眾運動。」

我把精神都放在學業上，女性是在上一世紀才在醫學院中稍有地位，伊利沙白．布萊克威爾（Elizabeth Blackwell）以為女性在照顧女病人方面，有特別的地位。她是一八四九年畢業的，十年後她的名字被錄在英國醫學名冊上，其後十二年中，只有另一個女子的名字被錄於冊上。反對女性當醫生的不單是男人，南丁格爾（Florence Nightingale）亦反對。

布萊克威爾醫生說過這樣的話：「在家庭生活之外，沒有甚麼其他實際工作，比合法的研究和行醫，更適合她們崇高的抱負。」

在世界的另一端，毛澤東正在實現他的夢想。在貧農之中，婦女在勞力工作上總要承擔一份，也有了新的機會，可以享受同工同酬的好處。「中國婦女是一種偉大的人力資源。」毛澤東說：「必須發掘這種資源，為了建設一個偉大的社會主義國家而奮鬥。」

共產黨設法清除中國人心中的舊思想，並向他們灌輸新的主義，有一位天主教神父羅拔．格蘭（Robert Greene），描述這期間他親身經歷的典型事件——一個負責洗腦的人把鄉人召集在一起，然後高聲地讀出一個問題，孩子們則用唱歌謠的方式重複他的話。

「誰是中國偉大的解放者？」

「偉大的解放者是我們的領袖毛澤東。」

「哪一個國家是我們人民的敵人？」

「是美帝國主義。」

「在我們的國家誰是那些欺壓人民的人？」

「是地主和資本家。」

「為甚麼中國人這樣貧窮和飢餓？」

「是因為那些地主，我們要打倒他們。」

在同樣情緒激動的情形下，他們向我們提出這樣的問題：

「你們曾見過天主嗎？曾見過一個靈魂嗎？」

一九五四年二月，高中和大學的基督徒團契在上海聚會，共有一千五百名學生和訪客參加，時間是自早上八時至下午五時，地點是南陽路聚會所。

當時在上海的福音派教會，因為聽說中國其他廣泛地區已沒有宗教信仰自由，並且知道大城市享有這種自由的時日亦無多，所以都紛紛舉行佈道會，數以百計的人公開接受基督為救主。在我家所在的城中，曾有一段很短的自由時間，其時有一些學生舉行了一個聚會，我在信中對大哥明理這樣說：

> 「整個為期四天的聚會都很好，早上是培靈，下午是分組或全體的交通和禱告，所有培靈的講道都是圍繞著主題：『主啊，你有

永生之道，我們還歸從誰呢？』這是十架的道路。我們為何要跟從主呢？我們必須準備付出甚麼代價呢？我第一件學到的事是永不給撒但留餘地。我們大家都受過他的攻擊，我亦知道作基督徒是在於有內在的生命而非只是外表的承認。在最後公開作見證的時間，有一個弟兄是來自你原來就讀的大學，他說出他怎樣完全離開了主，他跟團契內的其他信徒斷絕了一切來往，所以這大概是我從不認識他的原因；但是在過去六個月內，神的愛使他回轉，我們大家都因他而大大得到祝福，他的見證提醒我們神不可測的愛。而另一方面，因為耶和華神是烈火，所以落在神的手中是何等可怕的事。

「我求神幫助我不去論斷別人，當別人軟弱時，我要分擔他們的軟弱；當他們強壯時，我要分享他們的力量。聚會的全部費用都由學生自己付，每天我們一千五百人一起午膳，而每天神都供給我們經濟上的需要，並超過我們所需要的，媽媽和小妹已申請前往香港，但仍未獲批准。

「在新學期，我們要上解剖和生物化學等科目，我已通過了第一次考試，雖然我沒有用足夠的時間去準備，但是神幫助我，我常常有一種衝突，就是我應該讀好書，但是我不應把學習當作一種偶像，取代了神的地位，我把我在學院的訓練和學習當作我靈性操練的一部分。」

慢慢地，我開始像一個醫學生一般地思想行動，我學到一些很奇怪的字彙，並開始注意人的面貌、眼睛、手、頭髮的狀態、顯示健康或疾病情況的微小徵狀。當我們的教授談到某些題目時，窘迫的感覺已消失，我們以醫學的超然的態度，坦誠地談到一些醫學界以外的人不會談到的問題。

當我接觸到各教授超卓的知識和智慧時，對他們的景仰便日益增加，尤其是因為我的進度很慢，一九五四年六月，我寫了下面的一封信：

「現在第一年快要結束了，你還記得我是個多麼膽小的人，從未想過自己會學醫，我並不介意繁重的功課，但是在死人身上實習解剖似乎是我不能忍受的，也是我所害怕的。我們班中有一些男同學喜歡捉弄我，但是我承認現在好得多了，我已做了相當多的解剖，其中的一部分是當所有的同學都已離開解剖室之後做的，有時我是那樣的全神貫注，以致有一次我甚至忘記了自己是身處於十二具屍體之間。我要徹底知道動脈怎樣輸送血液，這使我愈來愈著了迷，作研究用的屍體只有研究部分才顯露出來，其他的部分都是蓋著的，當我找著了某一條特別的神經線時，往往高興得跳起來。當時是三個學生獲分配一個屍體。

「很多人説這是很難的一科，但我卻為創造我們的神那細微精緻的手工驚歎，而這位神亦是指引我們生命最微小部分的偉大創造者。」

我對於充滿複雜器官的人體研究，加強我對神的信心，我在有系統地研究細菌之後，寫信告訴大哥明理説：

「我在細菌學作實習時，常常要用顯微鏡，由於不習慣的關係，眼睛覺得很累，我於是問自己：神為何不給我們一雙能不須顯微鏡幫助而可以看到細菌的眼睛？但細心反省時，每覺得如果有了這樣的眼睛，看到一些微生物在我們的食物、呼吸的空氣或接觸的東西上蠕動，不是十分可怕嗎？神是永不會錯的。」

我是否真的相信最後的一句話「神是永不會錯」呢？神在創造宇宙時沒有犯錯嗎？自有時間

開始以來神沒有犯錯嗎？祂容許我的家庭分散沒有犯錯嗎？祂帶領我們到上海來沒有犯錯嗎？

我真的這樣相信，人犯錯誤，但神卻永不會錯。

可是很多時候我要神依照我的心意去做，因為我相信神的愛多於祂的智慧，但是由於祂有無盡的智慧和能力，所以只有祂知道甚麼是對我最有益的。

當大哥來信告訴我一個很嚴重的問題時，我又返回這問題上，他在困難之中時，神在哪裏呢？我覆信給他說：

> 「我完全了解你的感受，你的負擔、困難，但是神會明白的，祂不會離棄你，求神拯救你脱離這困難，而在天上來的喜樂會充滿你的心……我們仍活在世上時；有些東西拖累著我們的雙腳……但是神是永遠不會錯的。」

在神的學校中，這是何等重要的一課；如果我知道神的目標，看見祂的目的，我就不會提出疑問；只有當我要從神的手中奪回主權，自己把握自己的命運時，才會把事情弄得一團糟。

禱告

主啊，祢知道甚麼是對我們最有益的，讓每件事隨祢的旨意成就。求祢隨意的施給，不論多少分量和時間。照祢以為好的、最合祢的心意的方法對待我。求祢隨意支配我，在一切事情上隨祢的旨意對待我。因我是祢的僕人，準備擔當一切。因我不願意只為自己而活，也願意為你而活。哦，但願我能做得更美好更完全！阿們。

——湯馬士．艾．甘別斯

（Thomas ā Kempis）

第七課

超乎尋常的奉獻

我們應怎樣在生命中作抉擇呢？我們的行動應該依從一些甚麼原則呢？我們大部分人都需要更徹底地實行十字架的原則，就是每天向自己和自己的私欲死。但是我們卻常常選兩條路中較易走的一條，因而得不著神為我們預備的最好的安排。較難走的一條路包括著十字架的痛楚，但是亦有復活日清晨的榮耀。

——錄自侯活．堅勒斯（Howard Guinness）之《犧牲》

隨便地唱唱：「我已撇下世上一切」，是輕而易舉的事。只是漫不經心地想想：「我向祢也為祢獻上一切。」也不很困難。但是神有時會教訓人，使他知道這「一切」原來包含這麼多的東西。

——戴德生（J. Hudson Taylor）

「在不平常的時刻，主會提出不平常的要求。祂要求我作超乎一般的奉獻。」這兩句話不是出自中世紀一個令人尊敬的聖徒之口，而是出自在中國勞改營中一個年輕女子頌靈之口。

一九五五年我在上海遇見這位可愛的基督徒，她一心只要得到神的擁抱，當時她二十七歲，是一所正面臨被封閉的聖經學院的教授。這學院怎會留存得這麼久呢？那幾個剩下來的學生知道這危機不會拖延得很久，但是沒有一個人能猜到神會向頌靈要求這樣大的奉獻。

她跟她的同僚都過著信心的生活，仰望神供給他們日用的飲食。

有一次，聖經學院在二樓一間很寬敞的房間裏舉行了一次祈禱會，我就在那裏第一次遇見她，那寬敞的房間坐著講師和學生，我從未想過這一次的見面對後來竟有這樣的重要性（註）。我害羞地隨同一個醫學生前來，她則以極具感染力的微笑來歡迎我。

「王姊妹，妳可以為我代禱嗎？」當我們單獨在一起時，她提出這樣的問題。

這是多麼謙卑的要求，但是她是那樣的成熟、能幹，她的請求弄得我不知所措，我很渴望她的

註：參看《善牧良師》

祈禱，我在年齡上比她年輕七歲，但在靈性生活上，卻比她落後數十年。我一點也不察覺她將面臨的危險。

經過幾個月，一種溫馨的愛在我們之間滋長，若我知道將要發生的事，我會依附著她，但是我卻不知道，慈愛的神掩蓋了我們的未來，使我們看不見。由於她的年紀較長，我便讓她作主；她總是建議在她的房間裏一同讀聖經，而不是喝茶和閒談。

偶然，我得到特別的准許，在聖經學院度過一天，這是多麼馨香的時刻，那裏的講師都十分願意跟我分享他們的食物，但是有一天，我發覺貯存食物的房間差不多是空空如也。

雖然我在醫學院裏，第一年有免費的食物供應，但是我們都很艱苦。大哥明理從香港寄東西給我，仍在華北的二哥對我也十分慷慨，但我總是受到壓力，要用任何禮物的一部分購買政府債券，餘下的金錢用來購買文具，書籍、郵票，支付教會的車資和作教會的奉獻。

要是我的錢包中空無一文，我便不上教會，我不喜歡解釋其中的原因，但是我必須更倚靠神。神曾考驗我，要我施予，有時甚至把所有的都拿出來。舉個例説：有一個主內的姊妹希望獲得一筆車資，前往離上海很遠的省分探望在醫院中的母親，我跟她一起在貯物室中禱告，當我禱告時，內心有一個聲音對我說：「妳說妳愛這位姊妹，這是很動聽的話，妳的口袋裏，就有她祈禱的答案，要是妳的母親病了，又沒有錢，妳對別人的幫助是否會十分感激呢？」

神給我特權答覆自己的祈禱。

我有八塊錢，便用紙包著，放在她的枕頭下面，跟她的聖經放在一起。我這樣做就是說那一個週末我只能留在學院中，但我並沒有感到悶悶不樂，只有當我不聽從神的話時，才令我落在悲慘的境地。

我發覺聖經學院所處的困境時，我便看看自己的錢包，這一次我不是拿出平日所奉獻的數目，而是先扣除了返回醫院的車費，然後把其餘的都奉獻出來。數年後當我看到頌靈的奉獻，才明白自己所獻出來的是何等微不足道。

負責審問頌靈的人指她狹隘、頑強、固執，要她坐牢，並把她下放到中國西北部的地區。在那裏她的健康長期處於惡劣的狀態，她偶然的來信中，告訴我她有時甚至是在半昏迷之中。她的脊骨腫脹、痛楚，當她們覺得她的健康無礙時，便送她到工廠工作。

一九六〇年我來到英國時，應邀前往倫敦的中國教會，這教會的牧師和創辦人就是頌靈的父親王又得牧師。他是被放逐出國的，已有十多年沒有見過自己的女兒了。我同他分享跟他女兒在一起時的寶貴回憶，他祈禱她能獲釋以接受特別的治療，並挽救她的性命。他保留著他女兒的幾封信，再三閱讀，其中一封這樣說：

> 「在不平常的時刻，主會提出不平常的要求，祂曾要求我作超出一般的奉獻，把自己獻上。若我不願意，我便沒有平安，只有當我答允時，才能在祂那裏得到安息，得著力量，到祂要我去的地方，堅持到底。蓋恩夫人（Madom Guyon）在她的自傳最後的一頁，有一首她在獄中寫的詩歌，在過去兩年中我學會了唱，最近我完全奉獻給神後，尤其得著很大的喜樂和勇氣，我完全明白保羅和西拉在獄中唱詩時的感受。」

多年來我們都得不著可靠的消息，不知道她是否已被釋放或仍然生存，我們這一班人中都響應她所宣稱的完全的奉獻。

未來前途正展示在一班第四年的實習醫生之前，他們在想像自己第一個將要擔任的職位，每個人在畢業時都要表明他希望選擇怎樣的職位。我們想選擇有醫學和研究設備，有醫院和好的膳宿供應的市鎮或城市，是可以理解的；不過最後的分配是由行政人員在閉門會議後決定的。

我們的團契也在辯論作為一個基督徒醫生，在作選擇時所應考慮的因素。上海和兩、三個中國主要大城市，比較鄉間有較大的崇拜自由，但是這種情形會維持多久呢？這些城市亦有先進的醫學設備。

「我們應該到那些偏僻，孤立的地區去，那些地方的教會是最弱的。」一位弟兄這樣提議。

「但是城市是影響力的中心。」有人提出相反的意見。

團契提出了一些小市鎮和地區，是福音幾乎完全未傳到過的。

有一封來自一位年輕有為的醫生的信，我們曾經為他代禱，他渴望一些開荒者，願穿山越嶺到那裏去。

我們又想起一個畢業生，他是他那周圍一百平方公里範圍內惟一的醫生，他所有的交通工具是一匹馬，而他所有的設備也是極其原始的。

「我們必須避免在共產黨人面前丟臉。」一個弟兄說。

毛澤東在他的演說和著作中，要黨員「最具有遠見，最富犧牲精神，最堅定……要使中國富強起來，需要幾十年時間，幾十年以後也要執行勤儉的原則。」

永不會有兩個或以上的基督徒被分配往同一個崗位，把基督徒分散，是為要削弱教會的力量，但卻證明神用這種方法，把福音的種籽，散播到傳教士的影響未曾達到的地方。

我們拋開了一出門便有醫院和實驗室的美夢，準備過艱苦自律的生活，用頌靈的話，就是超乎尋常的奉獻。

就像正在受訓預備出擊的士兵一般，我們在吃的方面都很節儉，減少過多的熱量，鍛練自己，也減少睡眠的時間，但是我們沒有犧牲自己的健康，總是保持在最佳的狀態之中。

對我來說這並不為難，只是有些自私，屬世的雄心大志是必須克服的。

「每一個自稱為基督徒的學生，」一個在中國傑出的西教士米特·卡保（Mildred Cable）這樣說：「帶著責任直接來到他的『主人』面前，接受差遣。他必須以謙虛的心，順服的意志，心口如一地表示：無論你要我擔當何種的事奉，我都全然服從你的命令。」

難道就是身處中國西北部的勞改營，又患上脊骨結核病、身體就這樣衰弱下去嗎？神當然要頌靈獲得自由，身體康復，不過她曾說：「在不平常的時刻，主會提出不平常的要求。」

禱告

主啊，無論在何處，我不是首先獻上自己去作基督教的工作，而是先遵行祢的旨意，靠著祢的恩典，成為祢要我成為的，去作祢所要我作的。阿們

經歷神的同在

我們特定的靈修時間愈有規律，其他的時間便愈容易生活在神的同在中。

——約翰．R. W. 史托
(John R. W. Stott)

勞倫斯修士是巴黎一個平信徒組織——迦密修會（Carmelites）的會士，他是管理廚房的，那是一間醫院的廚房。明理大哥把一冊在一九六二年出版的《與神同在》（*The Practice of the Presence of God*）寄給我。勞倫斯修士擔任廚師的工作時，學習經歷神的同在，直至到了一個地步「不去想及神，就像初時要自己習慣想及神同樣的困難」，我寫了下面的一段話：

> 「勞倫斯修士為自己定下一個何等絕對和崇高的標準，我可以想像他的生命怎樣完全反映神最佳美的本性，我懷疑我能否做到這一點？」

黃昏時有一段空閒的時刻，我們六十多人急步走上十分鐘的路程，然後一起在一個狹小的房間裏彼此有主內的交通，弟兄姊妹分開兩邊對坐著，大家經歷神的同在。在那難忘的時刻，我們把功課和疲乏都拋諸腦後，心中是充實的。

> 「過去幾天來，神的愛完全征服我，無論當我起來、睡覺、到課室或實驗室去，我都感受到祂的愛包圍著我，那是多麼的完美，我開始明白保羅所說神的大能在軟弱的人身

上顯得完全的意思，而祂奇妙的豐盛在我們的貧乏上彰顯出來，我們的主是何等的奇妙。

「我不斷在思想過去的年日所發生過的事，似乎這一切的快樂都有一條線串通起來，以致最後我與保羅一起呼叫：「誰能使我們與基督的愛隔絕呢？」我們在交通時，唱出羅馬書八章：「難道是患難麼？是困苦麼，是逼迫麼，是飢餓麼，是赤身露體麼，是危險麼，是刀劍麼？……然而靠著愛我們的主，在這一切的事上，已經得勝有餘了，因為我深信無論是死，是生，是天使，是掌權的，是有能的，是現在的事，是將來的事，是高處的，是低處的，是別的受造之物，都不能叫我們與神的愛隔絕，這愛是在我們的主基督耶穌裏的！」

我們大家公認的領袖是約翰（註），這一位同學表現出勞倫斯修士的經驗，當我們聚在一起讀聖經時，約翰便會默然地站著，眼中流露出光彩，要是這天晚上舉行祈禱會，他便靜靜地跪下來，而我們便會跟隨著他跪下。

約翰是個高大結實的北方人，年紀接近三十

註：約翰不是他的真實姓名。

歲，比我們大部分人的年紀都要大，他是個溫柔的巨人，絕不貪戀物質金錢，又是個天生的領袖，很有穩重的氣質，不動搖的信心。當我初進學院時，他在讀第三年，我很景仰他的智慧和成熟。

就像別的有洞察力的信徒一樣，約翰十分重視王明道的《靈食季刊》，裏面有深入的釋經、挑戰和評論的文章。王先生在北京的「基督徒會堂」事奉，他撥出時間去寫作，是個很有恩賜的佈道家，數以千計的人因他找到基督。約翰為他的研經書作了宣傳。

王明道跟新政府的衝突在加深。毛澤東在他的講話中強調要用討論、批評、説服、教育的方法，而不是用強逼和壓制，但是王明道對於毛所説的民主方法全不就範，所以他們使用強逼和壓制的方法對付他。

《靈食季刊》在一九五四年停刊，在此之前所出版的，經過巧妙的改裝，像黃金一般的寶貴。王明道遭受公審，他的名字在全國各地的報章上出現，沒有出版商敢於出版他的雜誌。任何人被發現閱讀他的著作，都被視為反政府的行動。一九五五年他被判入獄，他的「基督徒會堂」被封閉，但是他的著作繼續把恩典帶給人。

他不幸的遭遇並沒有減少我們對他的尊敬，每當約翰弟兄引用他的話時，我們只會更用心傾聽。

有些基督徒領袖穿得很整齊，但是約翰卻不然，他的衣服是有補針的，他的棉鞋亦不能好好地支承著他，但是他卻是富足的，像使徒保羅一般的富足。在寒冬的晚上，他穿一件很厚的藍色上衣，並緊束在一起。有一次他到來時沒有穿這上衣，使我們覺得很怪，他只穿了一件較薄的並且陳舊得多的衣服，實在是十分不足以保暖的。

「約翰，你的上衣呢？」我們問他，心中充滿了疑惑。他感到寒冷，上海有時是會很寒冷的。

他不安地聳聳肩頭，沒有回答，「有些極重要的事是關乎我們的。」他的目光說。

然後我們知道了個中的原因，這是很難不令人發怒的，但是我們能拿這樣一個人怎辦呢？

後來我們知道，原來他把上衣給了一個從南方來的學生，這人沒有上衣，也不是我們團契的成員。約翰再得到一件這樣的上衣的機會是等於零，但是他卻本能地這樣做。

時光如流水過去，春來春去，後來約翰遭受批判，面對嚴峻的考驗，這時候，那個獲他贈衣的非信徒起來為他辯護。

約翰是他那一屆最傑出的學生，他的頭腦超乎常人，若不是因為他的信仰，他已被安排擔任國家的要職了。跟他在一起時，我們自覺更高大、更勇敢。

他真的實際體驗神的同在，我很珍惜大哥明理寄來經過精選的書籍，但是我從對約翰的觀察學到的卻更多。「那是像星宿的生命。」菲獵斯．布克斯（Phillips Brooks）這樣說：「那光明和信心閃耀著靜靜的光茫傾注於我們，使我們得著最深徹的平靜和勇氣。每一位強壯、溫柔、良善的男女，他（她）們的良善都在幫助及安慰其他人而表現出來。」

當我望著約翰時，我看到的是力量、單純、聖潔，一本書是很容易被人遺忘的，但是我不會忘記他，我是何等的感激我能跟他一起在神的學校中，就像勞倫斯修士那樣，「當所定的祈禱時間過了，他並不覺得有何分別，因為他仍然繼續與神同在。」

默想

「我朝見耶和華，在至高神面前跪拜，當獻上甚麼呢？豈可獻一歲的牛犢為燔祭嗎？耶和華豈喜悅千千的公羊，或是萬萬的油河嗎？我豈可為自己的罪過獻我的長子嗎？為心中的罪惡，獻我身所生的嗎？

「世人哪，耶和華已指示你何為善，祂向你所要的是甚麼呢？只要你行公義，好憐憫，存謙卑的心，與你的神同行。」

——彌六 6~8

第九課

教會的財富

追尋一己的滿足，好逸惡勞的男女信徒，不能為基督贏得中國；那些不想勞苦，不願否定自我，和沒有勇氣的人，在這件工作上不會是好幫手。簡而言之，我們所需要的男女，是那些一心把耶穌、中國、人的靈魂永遠都看為最重要的人，而生命本身必須是次要的……他們的價值比寶石更為珍貴。

——戴德生

我們的團契用一些晚上學習教會歷史，這是我們在年輕時擴大我們的眼光和閱歷的最佳方法，我們缺乏超卓的知識，我想我們也犯錯誤，但是我們彼此分享自己埋首在書本中所得著的知識。對於世界其他地方的教會情形，我們雖然無知，但是我們發現有些道理，可以適用於任何國家和世代的；就是無論何時何地，只要有人宣告要效忠基督時，那裏便會有一個十字架。我在信中對哥哥說：

「我用了一點時間閱讀教會歷史書籍，因為這是我們近來研究和學習的主題。現在我心中深深地覺得基督徒的受苦是教會財富的一部分，要是在兩年前，我便不會明白這一點。過去二千年來一直是如此，我們蒙召不是要過享樂安逸的生活。今日神再次向我們挑戰，那些進入地獄和滅亡中的人的聲音向我們挑戰，今日神正呼召年輕人跟從他。近日來我在默想以賽亞書四十三章 10 至 12 節的話——耶和華說：『你們是我的見證，我所揀選的僕人。既是這樣，便可以知道，且信服我，又明白我就是耶和華。在我以前沒有真神；在我以後也必沒有……』」

我又告訴他兩項考試的成績，「胚胎學」方

面我取得八十七分（滿分是一百分），「生理學」則取得八十九分，其他科目成績要在稍後公布。

有一個很難忘的傍晚，曾把T. C. 於凡的《蓋恩夫人》一書譯成中文的俞成華醫生到我們的團契來講話。《蓋恩夫人》是我們中間最受歡迎和最多人讀過的書，就像教會歷史上其他偉人一般，蓋恩夫人不顧惜自己的生命，她從不畏懼。她在一七一七年去世，享年六十九歲，死前被她所屬的法國天主教會審判，指為異端，被虐待和下獄。她的不幸遭遇，似乎跟我們很接近，我們的團契，一定十分歡迎她，就像已經跟她很熟落一般，我們要忠於國家，就像她忠於教會一樣，而結果卻帶來了許多悲哀煩惱。

一六八九年，她被囚在「巴斯底監獄」(Bastille)的一個碉堡中，碉堡下面是牢房，是在地下室的，裏面暗無天日，牢房之上是四間相連的房間，都是監房。蓋恩夫人就被囚在其中的一個監房中，監房之內設有牀鋪、桌子、椅子、盤、一個大的陶水罐、銅燭台、掃帚、火絨盒（註：生火用具），監房內沒有通風設備，她就這樣被囚在一間這樣的小室中達四年之久，他們禁止她為基督的緣故發表任何言論。

她快被送往「巴斯底監獄」前，曾寫了這樣一段話：

「除了自己被孤立起來之外，我甚麼也不懼怕，只要神與我同在，坐牢或甚至死亡都是不足畏懼的，不要害怕，要是他們走極端，把我置諸死地，那麼就來看我受死吧。」

拘捕她的人所用的方法，很像今日審問我們的人所採用的貓捕鼠方法，或製造一些謠言。一七〇七年，她五十四歲，被釋放出來，開始了長期被放逐的生活，她被放逐到巴黎一百英哩外之貝斯（Blois）市，在這段時間，她寫過下面一段話：

「我從巴斯底被釋放出來，但是我雖然離開監獄，卻並沒有離開我的十字架。離開了監獄，我受盡折磨的心靈開始重新呼吸和稍為康復，但是我的身體卻自那時起生了病，並受到各樣疾病侵襲，我的病一直延續交替，使我瀕臨死亡的邊緣。」

她後來又說：

「看來我自己應該心甘情願地忍受著苦難，只要這苦難能使別人認識神和愛神。我的心只有一個動機——神的榮耀。」

俞醫生一直都很崇拜這位勇敢的婦人，但是他不知道他把蓋恩夫人的傳記譯出來之後，對一羣在神的學校中的上海醫科學生，竟有如此適合的信息。那一天他講道的題目是神的旨意。

他解釋聖經時，用他自己和蓋恩夫人的經驗為例子，他告訴我們選擇自己的前途時，必須在神面前完全敞開，除去一切先入為主的成見或選擇，一心仰望神顯明祂旨意。

他說：「我必須先願意遵行神的旨意，神才會採取行動。耶穌說：『人若立志遵著祂的旨意，就必曉得這教訓或是出於神，或是我憑著自己說的。』（約七 17）我們常常不知道神的旨意，是因為我們根本就不願意去遵行。」

跟著他提出了一個問題——我們是否像蓋恩夫人一般，隨時準備去受苦、受死，放下我們的生命呢？

我撫心自問，我要勇敢，要誠實，我很渴望能說：「主啊，無論你要我作甚麼，我都會盡力去作的。」就像拿撒勒的馬利亞的呼求：「我是主的使女，情願照你的話成就在我身上。」但是我有沒有這樣的自信呢？

風暴正在醞釀，我們本來已計劃好的佈道會被取消了，上海受到很多新的限制，很多人的心充滿了恐懼，我寫信告訴大哥明理說：

「我們必須取消這次聚會，是因為我們找不到地方，也沒有講員能夠前來。取而代之的，是在不同時間舉行的一些小型祈禱會，我們愈來愈覺得這條路是怎樣的窄，這十字架是怎樣難背負，並且愈來愈少的人願意忍受下去，請為這些祈禱小組代禱，雖然我們的佈道會將採用新的形式，但神一定會照樣祝福我們的。」

四天之後，我再寫信告訴大哥明理我們的決定：

「我們決定舉行三次非正式的祈禱交通聚會，這是因為現在已無可能舉行大規模的聚會。有一點我自己不明白，但是有些年紀較長本來要帶領我們的弟兄說他們沒有了負擔，所以我們承認這裏面有神的旨意。在祈禱交通聚會中，我們都問自己一個問題：『我是否準備把自己擺在壇上呢？』也許我們將要付的代價是最高的，我愈來愈覺得一個人不能事奉兩個主，神是絕對的。」

我們所受的苦難是否會增加教會的財富呢？

禱告

祢所賜給我的，

主啊，我都帶來歸祢：

　　必須跟從祢的雙腳，

　　必須為祢歌唱的嘴肩，

　　必須為祢酸痛的四肢，

趁著它們尚未衰老的時候。

寬恕人的心

我們可以回想主受難前夕的光景，好像每一件事都是那樣昏暗：朋友在黑夜中出賣祂，另一個在怒中拔刀相護，眾人都爭相走避，有人甚至倉皇而逃，在這種紊亂驚慌中，主對那些來捉拿祂的人說：「我就是。」祂非但沒有絲毫的緊張和畏懼，卻顯出那種屬天的平靜和安祥，反而使那些來捉拿祂的人，因為驚恐過度而仆倒在地。這種經歷在歷代的殉道者身上一再出現，他們可以被焚燒，受蹂躪，但是他們卻享受祂的平安，且住在祂的平安裏，使得那些旁觀的人對於他們的莊嚴和沈靜希奇不已。

——《不要愛世界》，倪柝聲

每個同學都懷著克苦的心志，把自己視為正參與一場前所未有的聖戰。把健康和治療帶到中國來；對於我們來説，這一場聖戰，是以我們專心一致於學習上作開始的。

引用毛澤東的話：「學習的敵人是自滿，要認真學習一點東西，必須從不自滿開始，對自己『學而不厭』，對人家要『誨人不倦』，我們應取這種態度。」

美國佈道家菲臘斯·布路士（Phillips Brooks），曾探訪過一家神學院，在那裏各人都一同祈禱和彼此激勵，他們的靈魂高昂，內心火熱。第二天，他在背誦希臘文堂上見到那些人。「他們當中有一些是很虔誠的，但有一小點可以批評的，就是他們沒有學習好他們的功課。」他這樣寫道：「他們沒有把握那些首要的原則，就是刻苦、忠心、認真的學習。」

面對著面前習醫的機會，我們不會放鬆學習，反而力求有超卓的成績，把我們各種跟神所賦予我們的力量連繫起來，閒懶或疏忽就好像煩躁或驕傲一般，能在我們傳福音上反映出來，勤奮、努力、有效的讀書方法，能夠達到成功，並使我們獲得聰明和特別的才能。

要是我們藉著神的幫助，最後能有成就，又何必勉強合格就算了呢？

我給大哥明理的一封信中，說出了我對智慧的渴望，這封信是在農曆新年期間寫的：

「我的新年禱告可以用詩篇九十篇的話：『求祢指教我們怎樣數算自己的日子，好叫我們得著智慧的心。』由於神在詩篇六十五篇答允以恩典為年歲的冠冕，我要讚美祂，我不能忘懷神再三答允我的禱告。

「我曾求神應允使我到上海來，祂允准了；我求神准許我讀醫科，祂允准了；我求神准許我進入這一間學院，祂允准了；我希望可以讀兒科，祂允准了，現在我再不好意思求神答允我甚麼了！」

我們是多麼需要智慧呢！例如：我們就為著怎樣應付保達（我姑且用此名字稱呼他）而感困惑。

基本上保達是個很令人困惑和不穩定的人，我們知道他這樣不穩定的原因——原來他有一個很虔敬的父親，因信仰而被判入獄多年，神為何容許此事發生呢？對作兒子的來說，是個重大的試煉。

保達並沒有很坦然地談到這些，他一再地被傳召，為他父親及居於距上海不遠的家人情況而受盤問，他回來時心境總是十分不安，態度是極為焦慮的。

他那時是三年級生，專修外科，講師給他的分數亦很好。

「我能作甚麼呢？」他會提出這樣的問題，臉上呈現著焦慮的神色。「他們為何要管我的事呢？」他的目光露出可憐的神色，他真的不希望父親因著他的緣故受苦。

保達有真正屬靈的經驗，一個基督化家庭在他身上留下了快樂的記號，並且在團契中，我們看見他委身的心在增長。但是在沈重的壓力下，他曾兩度離開我們，我們又兩度以愛心歡迎他回來，並分擔他的憂傷，向他保證神一定會原諒他。

在第二次，他跟我們在一起的時間十分短暫。

一九五五年夏天，他面臨最後一次的抉擇，我們不知道實際詳情，只看見他蒼白而緊張的臉孔。一陣子不安的交頭接耳後，便證實了他已否定他的信仰，後來，他向全校的同學發表了一項聲明，宣布他所以錯誤地相信基督，完全是因為家庭背景的關係。

他完全失去了自尊，內在的生命亦在一連串的恐嚇和慫恿下崩潰了，但是我們知道不應低估神的恩典。

「我現在已經不再是基督徒了！」他在一陣掌

聲中作以上宣布。「我落後的宗教信仰已經被我要效忠國家之心所取代了，我認識自己所犯的錯誤，就是我的信仰成了我的累贅和妨礙，我要去參加革命。」

他跟著指控他的家庭是反動派，指控教會在宗教外衣下進行賣國勾當，又指控那些誣揑和毀謗政府的人。

這是一個不想跟隨父親進勞改營的年輕人在壓力下寫成的典型自白書，令人有一種很戲劇性的感覺，但對於我們基督徒的感受卻不是這樣。

「下一個是誰呢？」我們大家聚在一起，提出這問題，心中感到迷惑，我們並非杞人憂天，因為在他的自白書中，有很多篇幅是用來詳細地記載他和我們之間的事，包括我們祈禱和讀經的內容，有關我們的檔案本來就很充分，而現在就更詳盡了。

若我們早知道他今天的軟弱，是否還會跟他有這樣深入的交通呢？我們若較有智慧，是否早已應對他存著戒心呢？我們是否自招禍患呢？

「最好還是別信任任何人，」戒懼之心油然而生，「否則只會導致失望。」

不，當然不應存這樣的心，保達是需要親切的交通和信任的鼓勵，我們怎能排斥他呢？耶穌雖然一開始便知道一切要發生的事情，祂卻挑選猶大作財政，讓他管理他們有限的金錢。

第二天隨之而來的是痛苦，我們曾聚在一起祈禱的小屋——我們的伯特利——已經不得其門而入了，今後我們只能以彼此相顧的態度生活在一起。我們不敢再提及保達的名字，他也規避我們，我們的存在對他是一種指責，使他想起他的父親，但是我卻有點同情他。

在他否定自己信仰前的一段期間，那時我被拘禁接受洗腦，不能與朋友接觸，他偷偷的交給我一張字條，上面很潦草寫了一首英文詩歌的中譯本：

「沒有一點黑影，沒有一片烏雲能迷漫——
當祂笑容顯露；
沒有疑惑畏懼，沒有流淚憂慮能存在——
若我信而順服。」

他否定信仰之後，我們首次團契聚會是在一個基督徒建築師的屋頂房間舉行，身裁稍高的人都得彎著身，以免碰著傾斜的屋頂，但是這地方卻是我們的聖所。

「他必指給你們擺設整齊的一間大樓，你們就在那裏預備……『看啊，那賣我之人的手，與我一同在桌子上，人子固然要照所預定的去世，但賣人子的人有禍了。』他們就彼此對問，是哪一個要作這事。」

耶穌沒有說出這人就是猶大，是因為他希望給每一個門徒一個自省的機會，在這樣一個要緊的時刻，每個人都需要自省，要撫心自問。

約翰把我們當作是一個家裏的人，其中一個不在。因為他了解我們的心，所以用基督的話來提醒我們：「你們不要論斷人，免得你們被論斷，因為你們怎樣論斷人，也必怎樣被論斷，你們用甚麼量器量給人，也必用甚麼量器量給你們。為甚麼看見你弟兄眼中有刺，卻不想自己眼中有梁木呢？」

他平靜的聲音和堅穩的信心，使我們面對不能預知的未來時，心中的不安和苦惱終於緩和下來，被出賣的感覺也減少了。

「讓我們求天上的父給我們每人一個饒恕別人的心，我們應該像基督一般地饒恕人，我們不要心裏懷恨，我們是被出賣了嗎？基督也曾被出賣呢。」

「親愛的神啊，」我的心呼喊說：「使我能饒恕，給我智慧的心。當你要我脆弱時，不要讓我驚慌無措。」

禱告

神啊，求祢使我充滿愛、喜樂、平安、長久忍耐、溫柔、良善、信心、柔順、節制。使我們能愛那恨惡我們的人，饒恕那些中傷我們的人，常常記念祢對我們的良善與恩慈。阿們！

第十一課

他們竟如此相愛

不單是你口中的言語，
不單是你承認的事實，
乃是藉著你最不經意的舉動，
所流露出來的基督。

是否那動人的微笑？
或是你眉宇間聖潔的光輝？
噢，不，我所感到祂的同在
是在你剛才的笑容中。

不是你所教訓我的真理，
這在你是十分清楚，在我卻仍模糊不清，
乃是當你前來時，所帶來
我所感受到的祂。

從你的眼中祂向我招呼，
從你的心中祂的愛向我傾注，
直到我看不見你，而只看到
代替你的基督。

「你們看，這些基督徒是這樣彼此相愛，隨時準備為別人而犧牲。」那些跟滿有能力的初期教會作對的人這樣說。

基督在中國的工作，其中愛是具有最大的革命性力量，十九、二十世紀的傳教士發現了這一點，因他們而信主的人同樣發現這一點。

當傳教士離去後，他們的講道被人遺忘了，他們所寫的書被人毀滅了，他們建立的教堂變成了福利中心或博物館，這些宏偉的建築物也蕩然荒涼，但是我們仍然記得他們的愛，這記憶好像一種使人舒服的膏油，令人縈迴腦際。

有些傳教士使人失望埋怨，不過只是少數；大部分的傳教士都是愛心的使者，而不是頹廢的人。

政府頒布了一個法令，又使我想這些傳教士的愛心；那時我是在醫學院第三年，這法令禁止基督徒談及信仰，除非有人請求他們的時候，但是這種機會是微乎其微。這時候傳講基督被視為傳播反動思想，鼓勵別人這樣做則被視為病態。

這法令使我們感到受壓，很多個晚上都睡不著。我們從震驚中恢復過來，麻木的感覺回復正常之後，我們便開始想到自己的處境。

我們的聲音被逼靜止下來之後，就好像剛來到一處新地方的傳教士一般，他們希望與人溝通，卻不懂得當地的言語；愛心、服事人、祈禱、友善待人，這些就成了我們傳福音僅有的方法。

耶穌在地上工作時，祂為這種愛的流露立下了完美的榜樣。

我們的愛心實在少得可憐，但是我們發現，在死板呆滯的日子中，將有無數的機會，使我們去愛、服事人、與人為友。

讓我告訴你有關哲的故事，他是個熱心的共產青年團成員，他跟我一樣是專攻小兒科的，我們被安排在一起學習，目的是要控制我的思想，監視我的活動。

他要上報我的一舉一動，我的言語，所到過的地方。可憐的哲！這真是一件苦差，一個令人厭倦的重擔，但是他安慰自己說，報告別人的行蹤，總勝於自己成為被報告的對象。

我沒有發怨言，他的本性並不存有報復和敵意，他借我的醫科筆記，使他欠了我一點情，這一點他大概沒有寫在他的報告中，而我也沒有利用這一點。

「明天我們從兒科醫院開始實習，」他有點興奮地說。

我們要擔任實際任務的一段時間開始了，這是令人興奮的，至少我們可以暫時停止抄筆記和溫習，也擱下檢驗屍體的工作。

在兒童病房中，心中湧起了深切的感受，特別是面對著那些緊張、自信、快樂、思家而又不能清楚地表達他們需要的小病人，但是感情是必須控制的。

「我要專攻這一科，」我一面想，一面從這些小孩子身旁挨次經過，忘記了病牀邊的規矩，自己的心也差點被他們奪去。

我跟著別的醫學生一起圍攏著那令人觸目的顧問醫生，他正把他的診斷，對X光片的鑑別與我們分享，並告訴我們病人的病歷，父親這時若看到我，他要感到多麼的驕傲。

一系列飢餓等待吃午飯的人羣，其中有護士、文員、技工和學生，一個年紀較長的女孩子站在我面前瞧著我，就像我們以前曾見過面一般，我不認識她，但是卻被她的姿態、整潔的衣服、結成辮子的秀髮、她的恬靜所吸引。

她微微一笑，面上充滿了光彩。

「妳一定是基督徒，」她說，臉上露出自信的笑容，她說話的聲音很低，但卻充滿了生氣，沒有嘗試要作任何掩飾。

我點點頭，反問她：「妳也是吧？」心中感受到一陣由主內交通的純潔和自然的喜樂所帶來的欣慰。

哲這時是站在我身後，面孔轉向另一面，十

分留心地傾聽，這是他的枯燥、乏味的報告一次意外的收穫吧！

她走近一點來，「妳是個學生？」她注意到。「我的名字叫 Faith，我已經有收入了，這頓午飯讓我作東道吧？」

「啊，不，」我正要這樣說，這是因為醫院的人員的薪金很低，但是我在醫院中正缺少一個朋友。「妳真是十分慷慨，」我說：「我的餐券可以留待以後使用，改天讓我作東道吧。」

「我們會再有機會在一起吃午飯的，但是不要回報我，這是我的榮幸，何況我已是有工作的呢。」

我們在一張方桌前坐下，我介紹哲說他是跟我一同學習的，他很有禮貌地跟她招呼，Faith 是在實驗室工作的，幾分鐘後我們便像一見如故，基督的愛是我們的連繫，雖然常常被人歪曲了，但我們在一起卻得到再次的肯定，我們約定第二天再一起吃中飯。

那天晚上，當最後的一個孩子蓋好了被，小小的眼睛都已閉上，燈光也暗淡下來之後，我跟哲在一間分派給我們的狹窄房間裏作醫學筆記，那是漫長、吃力的一天，照顧孩子的需要，做些雜務，來來往往，我們估計我們一天就走了好幾英哩的路。

在這一個時刻，全世界的醫院都是一樣的：

醫務人員靜寂無聲地在走動、一個受滋擾的病人打破了沈寂，加上要便盤的鈴聲，但很多時還是要默默地期待，在遠處又是一個孩子可憐的哭聲。

在整個午夜我們都是在值夜護士的權力之下，然後我們可以自由返回學院去。

我實在疲乏了，哲卻很用功寫他的論文。他訕笑我，但是我實在是十分疲乏，我用手觸摸在棉襖右邊口袋裏的薄薄的聖經。

「哲，」我有點猶疑地說：「要是我念聖經，你會反對嗎？」

他見我實在累透了。

「念吧，」他很友善地說。

絲帶書簽夾在約翰壹書那裏，我正要背誦一處的經文，那些不受時間限制、莊嚴宏偉的字句，令我閉口無言。

「論到從起初原有的生命之道，就是我們所聽見所看見，親眼見過，親手摸過的，這生命已經顯出來，我們也看見過，現在又作見證，將原與父同在，且顯現與我們那永遠的生命傳給你們。」

我慢慢地念下去，一面反複思想，然後念到第四章十九節。

「我們愛，因為神先愛我們，人若說我愛神，卻恨他的弟兄，就是說謊話的；不愛他所看見的弟兄，就不能愛沒有看見的神。愛神的，也當愛弟兄，這是我們從神所受的命令。」

平靜的醫院生活響起了微聲，像是從大門飄進來，我的嘴唇吐出了這些字句，「愛神的也當愛弟兄。」我竭力去使腦海牢記著。

哲推開了他的書，歎了一口氣，他這一天同樣是忙得不可開交。我抬起了頭，我想，也許因為我聽了他有關中國在意識形態上的目標，現在也就因我的讓步而樂於聽我的說話吧。

「作完了嗎？」我指指他合攏了的書問他說。

我們平日是用普通話談的，但是今晚他結結巴巴地用上海話說。

「為甚麼基督徒之間有這麼大的愛呢？」他百思不得其解地說，並不明白我所念的經文的意思。

「我們是這樣嗎？」我有點摸不著頭腦。「甚麼使你這樣問呢？」

「我注意到」，他漫不經心地說：「就如吃午飯時，妳是從未見過 Faith 的，但她請妳吃午飯，妳們交談，我看到妳們在一起時的快樂和融洽。」

我突然感到害怕，設法找尋答案，一方面想像自己的話將白紙黑字地出現在他下一個報告之中。「請賜我智慧。」我祈禱，心中盤算他究竟是否有誠意。

「讓我解釋吧，」我懷著戒心地說：「但你得答應不打我的報告。」

我立刻後悔這樣說，心裏聽見自己不快的話：「彼得，你不也是主耶穌的門徒麼？」「如果我將這信息告訴你，你可以不告訴別人嗎？」我害怕信賴神。

他的目光平穩地望著我，

「你可以安心，」他說。

我的手指指著第四章第九節，「我們愛，因為神先愛我們……」

「請念這一段，」我說：「我正在背誦這一段呢。」

他用國語土聲念出這一段經文，卻不明白其中的意思，他皺著眉，再念了一遍。

「解釋『祂先愛我們』。」

我的精神為之一振，但願夜班護士不要來打擾我們，孩子們不要哭泣，直到我把話向他說完了，沒有人走過來，他要我講耶穌的事，我不想有人來打擾。

我用簡單的話，解釋保羅所說的「從前所隱藏，神奧祕的智慧」，這是世上有權有位的人所不知道的，「他們若知道，就不把榮耀的主釘在十字架上了。」

「基督為甚麼死呢？」哲問。

只有聖靈能解釋屬靈的真理，但是我把他帶回舊日的時代，那時牲畜的血要流出來使罪得赦。我因為很少有這樣的機會以致缺乏習練，但是「十字架的道理，在那滅亡的人為愚拙，在我們得救的人，卻為神的大能。」(林前 ~18)

「這就是基督徒彼此相愛的原因嗎？」他這樣問。

我為他解釋說：「一個從神而生的人，就有信(五 1)、順服(三 9)和愛(四 7)；人都是自私、驕傲、卑微，但神的愛能使我們成為新造的人。」

他沈思著，世界像停頓下來，我不再說甚麼，讓神使他聽祂的話，他是否因為太緊張而感到混亂呢？一個護士敏捷地在走廊移動。

「我覺得很難去愛，」他說：「我對別人都懷疑，心中充滿著恨，我討厭自己，我當了『共青團』的團員已有五年，我們彼此互不相愛，互不信任，只是在假裝。」

這是驚人的自白，要冒很不智的險，是太輕率的做法。

當夜班的護士來了，她來的時間是最適合不過的。

「午夜了，」她噓著氣，望進來，「你們可以走了。」

我們收拾自己的物品，把書本和筆記塞進自己的手提袋中，準備離去，新的一天又開始了。

「讓我拿妳的手提袋好嗎？」哲對我說。

我本來可以把手提袋放下，這是十八個月來的第一次，像我一般的女孩子都學會了適應，他伸出手來說：「讓我拿吧。」

「不，不，謝謝你，我自己拿好了。」我說，心中害怕被別人看見。

醫院離學院和宿舍約有七、八分鐘的路程，我們沒有說話，只是享受著醫院外面的清新空氣，哲終於打破緘默。

「告訴我多一點有關你們基督徒所具有的愛。」他懇求我說。

我們在一支街燈下停下來。

「我能否成為一個基督徒，開始去愛而不去恨呢？就像Faith跟你一般的？」他問我。

我們排隊輪候午膳時，Faith 自然流露的愛吸引了他，我們本來是不相識的，但是他卻親眼看見我們在靈裏的合一，一張飯票就像一粒芥菜種籽落在地裏一樣，掀起了一種極大的渴望。

「哲，你現在在這裏可以立刻便成為基督徒，」我說：「我會為你祈禱。」

我們就站在街上，在微風中大家閉上眼睛，他重複著我帶領他的禱告、認罪、求赦免，他要作神的兒女，天國的馨香在空氣中瀰漫。

「我是認真的，」當我們再抬頭時，他這樣說，我是沒有理由懷疑的。

「我會繼續為你祈禱，」我應允他，然後跟他道晚安，心中異常興奮，「別的基督徒也會為你禱告。」

哲是需要那些禱告，他變成被監視的對象而非去監視別人的人，他被「共青團」開除團籍，並且被拘留在大學中，作自我批判和政治學習，但是他像一個男子漢般站起來，把自己向基督敞開，並對祂效忠。

我離開中國時，他跟 Faith 結了婚。

禱告

我們內心有一點小得應受譴責的愛在燃亮，
使人的靈魂能被那火焰照亮，
使舉世的憎恨，被我們的愛所破碎，
來俯伏著愛祢那永恆的名。

（選自十四世紀的一首詩歌）

神完美的計時

亞伯拉罕將近百歲的時候，他的身體如同已死（羅四9），已沒有任何方法使他能自然地生一個兒子，然而他生了以撒。同樣地我們必須把自己視為已經死了，然後我們才能完全地相信那把生命賜給死人的神，神使亞伯拉罕看到他不是任何事物的源頭，神一直等到我們到了自己山窮水盡的時候，然後以撒來了…… 關於以撒，這完全是時間的問題——是神的時間。

——《模成基督的樣式》，倪柝聲

我們必須學習怎樣知道神在我們生命中所安排的時間，這不是一件容易的事，但是在一九五五年發生了一件大事，使我看到神對時間的安排是多麼的完善，神從來不急不可待，也從來不會落後。

那一年暑期，不接受共產黨游說的基督徒在假期中要留守在大學內，接受更多的政治學習和自我批評，「對以前的錯誤一定要揭發，不講情面，」毛澤東下了這樣的指示，「我們揭發錯誤，批判缺點的目的，正像醫生治病一般，完全是為了救人，而不是為了把人整死。」

「今年夏天將沒有假期，」這一個令人納悶的消息使我們都很沮喪，再經過一些悠長的學習，又會怎樣呢？

即將面對一次大批判，但比較要接受失去了假期的失望來得好受。當同學們都收拾行裝離去後，我們卻留下來，去爭論是徒勞無功的。

一個天主教學生在另一所大學中自縊而死，這使教職員感到氣餒，像把一個套索套在我們的頸項上。監視範圍在擴大，不分晝夜，甚至是上洗手間的時候。完全沒有私人空間的生活增加了情緒的不安。

兩個飽受折磨的弟兄，是我們團契的團友，他們經過一連串的疲勞審訊後，否定了自己的信仰，他們的精神崩潰了，但他們立刻得著褒獎。

「你們現在可以放假去了。」

但是他們離去的時候，步伐並不輕快，他們厭惡自己。

不過那天晚上我倒很羨慕他們。

「主啊，我要自由，」我呼喊著，心中想像他們怎樣帶著放假的心情，離開這熱得發昏的城市。

我已經提過在我失去理性的時刻，怎樣違背命令，從被拘禁的房間中走出來，在雨中呼喊說：「神啊，要是我不認祢的名，祢是否能體諒我呢？」

我同情出賣主的弟兄，顯然神比我更能體諒他們，我對他們的離去感到若有所失，我們這一羣基督徒在瓦解中，而我感到魔鬼在訕笑。

一個星期過去了，跟著是第二個星期，後來那兩個弟兄回來了，他們垂頭喪氣，充滿著後悔。

「我們不能放棄我們的信仰。」他們說。

他們沒有要求任何特權，也不問將來如何，他們一點也不把這些掛在心上。這一重要的消息傳開了。

「我們沒有基督是不能活下去的，」這兩個弟兄承認：「為基督而死勝於失去祂而繼續生存。」

稍後我寫信給大哥明理：

「我們要彼此代禱，因為物質享受、前途等，都給我們帶來試探，人人都夢想著美好的東西，但我的前途究竟如何呢？最近我默想到主怎樣為我們的緣故寧願受苦；為了擺在前面的喜樂，情願忍受十字架的羞辱，保羅對我們說末後怎樣充滿榮耀。

「我們不知道末期甚麼時候才來到，但是我們知道應該儆醒，我們所有的只是今天，昨天早已過去，明天則在神的手中。」

那一年，上海及全中國各大城市的基督徒，都過著異乎尋常的、暗淡的日子，但也有很多英勇的事迹。

在北京，王明道出版了一本小冊子《我們是為了信仰》，他說：「我們徹底拒絕任何聖經所沒有的教訓，由於我們對神的忠心。我們準備付出任何必須付的代價，我們不怕任何犧牲，顛倒是非黑白和譭謗是嚇不到我們的。」

他遭到極野蠻的對待。他在八月被捕，沒有人知道他受到怎樣的待遇，他被逼簽署一份坦白書，他的精神崩潰了，他稱自己為彼得，當他公開地後悔自己簽了坦白書後，又再被捕下獄。

學生們都熟悉的宣教士大衛．艾理（David Adeney）這樣說：「沒有人能像王明道一般，對學生產生這樣大的影響。」

盤問我的人是熱心的共產黨學生，她以很技

巧和堅定的態度對待我，她最初是以友好的態度對我，我們一起被關起來，我不是出於自願的，她卻是自己的選擇，這充分表現出她的忠心。

我設法影響她使她接受基督，她是可以成為基督內一個勇敢的門徒。但是日子一天天的過去，她對我的反感卻迅速增加，那是一場關乎兩種不同生活方式的爭戰，她看到我的信心動搖，但卻沒有熄滅。我因要討神的喜悅，又要使她滿意，結果受盡了折磨。

我需要寫一篇自傳，把我從八歲起所記得的事物都寫下來，並需要寫下親屬、朋友、鄰居、教會長老的名字；孩提時代美麗的回憶、善行、歌唱的小鳥，這一切都被玷污了。

「妳的父親賺多少錢？他跟美國帝國主義是否很要好？他們是你們家中的常客嗎？告訴我關於妳的主日學教師。妳是在一個青年歸主的聚會中信主的，那次的傳道人是一個美國人卜．比雅斯（Bob Pierce）。妳的父親既是傳道人，為何妳會這樣信的呢？妳的父親甚麼時候離家的？他有旅行證件嗎？他現在在哪裏？」

那時候，吃飯也成了一件吃力的事，我的腦袋像不能思想，我變得沒精打采。跟著是另一次思想逼害，他們要我跟父親斷絕關係，我的父親！

「我怎能這樣做呢？」我提出抗議，我抖起精神，大膽地說：「我愛父親，他是個好人，是個很慷慨的人，妳一定會喜歡他的。」

要是我不認識他，便會減少了很多的危險，但是我的良心又怎過得去呢？我所至親愛的父親，他從來沒有半點退縮、動搖。

「你要宣布他不再是妳們的父親，」他們這樣命令我：「並永遠跟他斷絕關係，你必須劃清界線，以證明妳自己的立場。」

「不能，我不能這樣！」

「他出賣了中國。」

「不，他愛中國，他不會作任何損害或玷污國家的事，他以作中國人為榮。」

「那麼他為甚麼離開呢？」

「我已經解釋過了。」

「蠢人！」她哼了一聲說：「那麼妳離棄基督吧。」

「祂是我的救主。」我回答說，心中記起我得救的一夜，我跟五、六十個人一起屈膝，並自動許了一個願：「我要不惜任何代價，永遠作基督徒。」在很久以前一個七月的晚上，在柔和的音樂中，我作了這樣一個堅定、勇敢的禱告。

我終於堅持自己的決定，但是當我在哭泣中睡去時，我的心仍在大力跳動。

「主耶穌，我要繼續選擇作祢的門徒，這是我的光榮，求祢救我。」

第二天，屈辱恐怖的時刻繼續，直至我的腦海感到昏迷，我聽到有關醜惡的帝國主義傳教士的事，他們怎樣過著特殊階級的生活，他們徹頭徹尾的罪行。她又告訴我一些宣教差會是倫敦或華盛頓支持的特務機關，她所說的一切都是無意識的一派胡言。

「看看他們怎樣欺詐我們，」她繼續說下去，聲音變得很柔和，「他們居住在漂亮的房子中，過著非常舒適的生活，收取窮人的金錢，你見過一個傳教士要捱餓的嗎？」

我見過，就像我父親，但是向她解釋只是徒然的，我們彼此並不能溝通。

「妳要在七月十六日接受公審。」她告訴我。

我的咽喉很乾涸，我將要面對千人的羣眾大會，其中有善意的，他們大都渴望要看到我信仰的崩潰，這一類的集會是常常召開的，要是我不放棄我的信仰，我將被逼停學，並被派往接受勞改。

我的同伴向我扮鬼臉，她說：「你的前途在你自己的手中。」她要我為自己的緣故放棄信仰，表現出理性和溫和的態度，她不希望一個醫科的同學進勞改營，她不是天生壓逼別人的人。

像基督般的熱心是以愛鍛練成的，而一個狂熱的共產黨員卻不受任何限制，當胡蘿蔔與棒子都不生效時，他便會把胡蘿蔔丟棄。若利誘無效，則必加重威逼。

我在接受公審的前一天，神差遣一位使者來見我。

我的同伴通常是很認真地遵守規則的，大約晚上九時，她曾離開我數分鐘，那時我是在樓下一個房間內，窗戶是敞開的，但是如果我設法逃走，我學醫的前途便會斷送了。

我望出窗外，為了這獨處的一刻感謝神，並享受這一刻的寧靜。一個基督徒同學正在窗外路上經過，他在我進入學院的第一天便來跟我打招呼，現在是讀最後一年了。根據規定，除了盤問我的人以外，任何人都是不准與我交談的，也許有時會對我微笑或揮手。這時他的眼睛回顧張望，然後急速地向我跑過來。

「快離開。」我本來是應該這樣呼叫的。他跑近來的時候，我佩服和害怕的心理在增加，他必須避免跟我聯絡，任何人都是不准跟我接觸的。

「我在為妳禱告，」他隔著玻璃低聲地說：「我們大家都為你禱告。」

他急忙地踏步走了開去，可能他的心在戰慄，但一點也沒有表現出來，他的來臨跟我獨處的時刻是那麼巧妙地配合，他怎會知道呢？是天使差遣他來的嗎？

我極為興奮，神在我要面對一齣戲的時候，並沒有離棄我。

曾經讀過《古木常青》（*The Chinese Church That Will Not Die*）的讀者便會知道神怎樣拯救我脱離公審。在公審前一晚深夜約四時，我因為極度的痛楚而醒來，我翻動身體，希望減輕痛楚，一面壓抑著呻吟聲，以免驚動我的同伴，她醒來了，替我量度了體溫，使她大吃一驚。

「我在任何情形下都不會把妳送往醫院去。」她説。我呷了些水，在五時至五時三十分之間，痛楚更加難以抵受，她只幫扶我走了幾分鐘的路程到醫院去。到了六時，雖然她極力反對，但是外科醫生決定要開刀割去我的盲腸。手術將要開始時，兩名基督徒實習醫生剛巧來到，原來當那醫生要作這重要的決定，是否要為我施手術割去盲腸時，這兩名實習醫生中的一位在睡眠中突然醒來，並湧起一個要為我禱告的念頭，他穿了衣服到急症室去，見到我的名字竟在登記冊上。

神慈愛地定下了要拯救我的時刻，更恩上加恩地差遣了兩位弟兄陪伴著我。

醫學辭典有關盲腸的記載，是小腸間一個細小、空心的凸出部分，沒有甚麼實際功用，我所知有關盲腸的事很少。二天後，我寫信給大哥明理説：

「我現在在醫院的病牀上寫信給你，我沒有甚麼話可說，只知道我體驗了超乎人所能理解的奇妙的經歷，神不容許人破壞祂為祂兒女所定的計劃。

「我是因急症進入醫院的，我已告訴你我要留在學院中學習，但是我在接受手術前三天，已感到不適，以前我曾有盲腸炎，但是由於考試的關係，沒有接受治療，在這三天中只是忍受著不發作出來。

「到了十五日晚上，痛楚愈來愈厲害，雖然我不想打擾我的同伴，也是不可能，到了早上五時許，我便被送往急症室去。

「靠著神的恩典，醫生決定替我施手術，並願意替我說話；經過很快的準備，手術從開始到完成只費了半小時，因我只接受腰部麻醉，所以人是完全清醒的。

「神一直看顧我，我也要為這一件事感謝神，我在肉體上並沒有受很多苦，事實上對我是好的。

「我最近的經歷充滿了神的恩典，但請恕我不能一一告訴你，我相信你會明白，那些把一切都放在祂那安穩的手中，並且留在那裏不取回的人，他們是有福的，我請護士為我寄這一封信。」

我亦在醫院中寫信給母親：

「我若不是被送入醫院，那麼後果如何真不敢想像。我每想起這一點，猶有餘悸，這對我是最重要的一課，我真希望能告訴你更多，在我周圍的人都因神奇妙的帶領而感驚異。當我靜靜地躺在醫院的牀上時，我為仍留在醫學院的其他弟兄姊妹祈禱，求神不要使他們擔負他們擔當不起的重負。」

後來我出院了，而且可以心中一無掛慮地放假去了，我回想到神的時間算得那麼的準，而事前人一點也不知道。

禱告

主啊，當我在世上漫步人生，求祢保守我，使我每日切切地尋求祢；好在當祢降臨的時候，我不是在埋藏自己的恩賜；也不是在昏睡以致我的燈未添油；而是在等候著已望著我的主，我榮耀的神，直到永永遠遠。

理察・巴克斯特

（Richard Baxter，一六一五 ～ 一六九一）

第十三課

不是單靠食物

我們要吃甚麼呢？要喝甚麼呢？我們要穿甚麼呢？許多人已把這些當作主要的話題。有一種勢力逼著你去思想這些事，要生存就得注意這些事。但是聖經卻警告我們說：「神的國不在乎吃喝，只在乎公義。」聖經要我們先求神的國和神的義，然後向我們保證：我們所需要的都必加給我們。聖經提醒我們不要為食物和衣著憂慮，因為野地的花，空中的鳥，尚且得著看顧，難道祂還會不顧我們這些屬乎祂的人麼？但是從我們每每為這些事焦慮來看，竟好像神所看顧的只是飛鳥和花草，而不是我們！

——《不要愛世界》，倪柝聲

「大妹是否失去信心呢？」我在香港的家人提出了這問題，「她是否投降了呢？」他們小心地推敲我的信，這些信反映我遭受思想改造和自我批判的時期，他們得到消息說我前往聚會的那一處由倪柝聲創立的聚會所，情況正受攪擾，使我失去了倚靠。一九五六年一月二十一日，那四位在倪柝聲入獄後負責牧養教會的長老亦相繼被捕。同年一月三十日，聚會所的會友都被召去參加一個聲討大會，數日後約有八百名基督徒聚集在上海，表示堅決擁護把倪柝聲下獄，這是令人難以置信的，我寫了一封信給家人說：

> 「我已看得夠了，我的希望已幻滅，我不想詢問別人的意見，也不想把自己的意見告訴別人，以防我被他們影響，而不是單單聽神的話。」

「是的，」父親說：「讓她只受神的影響。」

「但是，」明理說：「她想以後一生都留在大陸，你們聽聽她這一段話。」

> 「我要把我的生命、我的訓練、我的專業都獻給國人，我十分感激我能得到這學習的機會，能在一間這樣美好的大學攻讀，我一

切的所需在這裏都獲得供給，我知道在我的學習上，我沒有辜負我的同胞和國家，以前我不想把我的信仰跟自己的國家聯在一起，但現在我把一切放在神的手中，我在這裏有工作要幹。」

「她不能留在中國。」母親提出異議：「她必須出來跟我們相聚，她是我們的一分子。」

當他們收到了我在一九五六年三月的一封信後，便感到情形有點不對。

「……在參加一連串的『學習』的開始，我曾經很灰心，到一地步，我認為説，這可能是我們的信仰基本有問題，因此那時我很難過，好像自己一直是一個糊塗的人，當然到後來，我比較能夠劃分清楚，哪些是我們真正的信仰，哪些是那一班人為危害國家人民而彎曲的『道理』，我堅決的認為，若是有人要在這些掩護下，危害祖國人民，那麼我是反對的，而且也不容許這樣的人在神的教會中。」

有些人強調對基督忠心，便必須對國家冷淡，並拒絕接受一些為中國帶來新的希望的轉變：

以前我整天羨慕做「年長的姊妹」，以至失去了一個青年人活潑熱情的性格。

「……也許有些較年很長的信徒開始為我擔憂，我是明白的。我們參加多的醫學研討會，我愈參加便愈覺自己懂得少。感謝神我們有很多優良的講師，他們都是專心於自己的專業的人，他們的生活和知識都成為我的挑戰……」

我的家庭背景對我有相當的影響，當然當局對我過去的一切已完全知道。

「她說不能容許危害祖國的人在神的教會中是甚麼意思呢？」我的家人感到迷惑，想到在勞改營和監獄中的虔敬的人，又想到父親的被逐。

父親沒有說甚麼，只是加倍的禱告：「主啊，求祢保護她，祢自己保守她。」

我正在學一些臨牀的學科，在醫院比較在學院的時間還多，甚至星期天也是如此。我要額外多讀一些書籍，英文書已再恢復售賣，俄文書籍則被冷落了，我從未學好俄文，因為俄文的文法太難了，但是英文卻使我束手無策。

我是一個研究小組的成員，需要寫一些有關呼吸器官疾病的論文，由於黨對科學方面的建議，科學性質的學術期刊便從英、美輸入。

我們幾個人找到了倪柝聲的太太張品蕙女士的下落，倪柝聲是在一九三四年十月在杭州與她結婚的；她也在監獄和醫院度過一段時期，然後在我們學院附近的徐家匯路住了下來。由於她被當局列為罪惡的反動派，所以我在家書中不能夠暗示我跟她有接觸，這樣會使我的雙親安心許多。

然後我給家人的音訊突然完全斷絕，使他們感到十分焦慮，跟著有消息傳到了香港，說這只是一個大運動的小插曲。六、七個月間我都不准寫信和收信，這樣做是要把我跟反叛和反動的思想隔絕。

「一九一一年的革命，到今年，不過四十五年，」毛澤東說：「中國的面目完全變了。再過四十五年，就是二千零一年，中國的面目更要大變。中國將變為一個強大的社會主義工業國。中國應當這樣。」

一九五二至一九五六年間，毛澤東加強鄉間的社會主義化，這時鄉間百分之九十五的人口都在集體農場工作。毛澤東向饑荒宣戰。以前，中國百分之八十五的人口都是種田的，但所採用的只是原始的木製工具。城市以外的人，識字的約有百分之五，在地理上，這個具有龐大資源的國家，一向都是未經開發的，重工業差不多不存在，工程師和技術人員跟醫生同樣的缺乏。

「人必須有飯吃才能做事。」毛澤東説。

作為一個中國女孩子，我因看到更多的同胞不再受飢餓之苦，數以萬計的人有機會學習閱讀和書寫，貧富之間極大的差距被消除，因而感到高興。我在信中談及此事，我沒有低估這成就，這一個新的局面是令人興奮的，使人的心受激勵。

這局面也是十分嚴峻的，父親知道這一點，我也知道，所以我的批評必須十分小心，因為不僅是我的家人可以閱讀我的信。事實上毛澤東沒有注意過基督的話：「人活著不是單靠食物……」我在衣食住各方面都獲得供應，但是仍然有一個真空的地方，是毛澤東所不能填補的。

我飢渴地期待著主。

禱告

神阿，我的心切慕祢，
如鹿切慕溪水。
我的心渴想神，就是永生神。
我幾時得朝見神呢？

——詩篇四十二篇

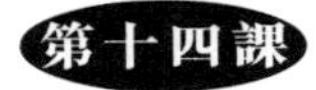

我們的接受

沒有選擇的餘地；
我們不能說：「我定要這樣做，或那樣做。」
一隻手從外面漆黑之處向我們伸出來，
毋庸置疑地緊握著，帶領我們
到那我們必須為神作工的地方。

——路維爾（Lowell）

在醫學院攻讀了四年之後，我要到香港探望家人，需要正式申請簽證。由於以往多次的被拒簽，我今次不敢存太大的希望。我在等待和祈禱時，內心的情緒卻平靜下來，抹去了我一種莫名的苦惱。但隨後竟接到通知，我的申請獲得批准，便到派出所去領取了出境證，我的喜悅像泉水一般地湧現。

我買了雙程火車票，我會回來實習一年，才正式擔任第一份工作。那要命的四年級考試已經過去了，政府並不冒任何險，因為上海現在已是我的家，我的夢想是在自己的祖國當醫生。

「神啊，祢真是恩待我。」我喜悅地重複著這些話，一方面收拾為數不多的需用物品。「神啊，在黑暗的日子裏，我真害怕不能再見到父親！」我登上火車，開始兩天的旅程，向香港進發，牧場和樹林如飛地掠過，還有那湍急的河流，我再一次重溫一九五一年一月二日晚上父親離家之後的一段日子，一共是六年半的歲月。我在閱讀聖經的時候，一個表情很嚴肅的士兵在車廂內走過，他突然停下來，用不友善的目光注視我手中的書。

「把這書收起來，」他粗率無禮地命令我。

想到距離香港只有數小時的旅程，我沒有跟他爭辯，但是他的命令很深刻地提醒我，政府加諸信徒身上的限制，我所犯的錯是在公眾地方閱讀聖經。

想到快要跟父親、母親、光蔚、未見過的嫂嫂和姪兒道宏，當然還有經常有書信往還的哥哥明理重聚的時候，我極為興奮，差點不能抑制。抵達目的地前，車上各人都顯得異常疲倦，但當火車進入月台時，一切的疲勞都消失得無影無蹤了，那些躺臥著的形體再一次活動起來。

車還未停下來我已一眼看到了哥哥，跟著是父親，他的眼睛閃耀著光芒，還有一個從未見過的姪兒。

父親沒有甚麼改變，但是在我們分開的一段日子裏，我已經度過了我的少年時代，一個素來信靠父親的女兒的愛，湧上我的心頭，我能為他作甚麼呢？然而，使我進退兩難的，卻是我那飽經憂患的母親所提出的要求。

「別再返回上海去，」她要求我說：「留下來跟我們在一起，你可以過著家庭生活，和自由地敬拜神。雖然妳要放棄妳的事業，但是我不知已禱告了多少次，希望這一天的來臨。妳是愛我的，是嗎？要是我失去你，我會心碎，神拯救妳出來不是無緣無故的。」

父親沒有說很多話，但是他眼中所流露的愛，就像母親的話同樣令我困擾，我整個人崩潰了。

「媽，我愛你，我也尊敬你。」

「光霞，妳應該跟我們在一起，我們一家人曾經吃過苦，也分散過，求妳跟我們在一起。」

「中國現正迫切需要醫生呢，」我溫柔地說：「那裏有許多患病的孩子和心智不健全的母親需要人照料，我必須回去。」

她慈祥的臉上泛起了皺紋，經過失望、貧困、分離、逼迫之後，心中有這樣的希望是很自然的。上海是埃及，香港是應許之地，沒有人會自願返回去的。

我被一種自憐的心理掩蓋了，這是多悲痛的抉擇，放棄四年的訓練呢，還是傷母親的心呢？

我跟大哥明理談論這件事，我再重複我在信中說過的話：「我要把自己的生命，訓練，事業獻給國人，我能在醫學院中攻讀，已是十分幸運，作為一個基督徒，我怎能現在就逃跑呢？」

香港並不是我的應許之地，這裏的富裕、貪婪、豐足，引起我的反感，我看到市面販賣的五光十色的雜誌，是怎樣的性質，還有那低級趣味的戲院廣告，我如夢初醒，對於自由世界這些觀念感到疑惑。

我被帶往百貨公司去購買衣物。

「你自己挑選吧，」我的同伴說。

「這麼多，」我看得透不過氣。「這樣多的花色，」在上海時，每年我只獲配給三碼布，可沒有這樣的多姿多彩。夏天時，我只穿長西褲和一、二件襯衣；在冬天，我穿一件棉襖和可以脫下來洗滌的外衣，這兩件衣服加上一件外套，已經使我覺得穿得很好了。

但是眼前的衣服，卻使我難以抗拒和眼花撩亂，我看見一個我不曾知道它存在的世界，過了四年有規律的大學生活之後，我現在倒缺乏安全感，雖然是跟家人在一起，卻感到自己是個陌生人。

經過緊張、焦慮、感情都消耗盡的三個星期，期間我很同情母親的觀點，也很愛她，但是最後我仍然堅持原意。

「我要回去，」我最後宣布：「沒有任何事物可以攔阻我，媽媽，請原諒我。」

我充滿內疚和憂愁地站在那裏。母親沒有說甚麼。

父親一直保持客觀的態度，他衡量兩方面的利弊，最後卻仍然大力支持母親的意思。「兒女要到甚麼年紀才可以不須遵從父母的話呢？」我問自己，多年來我一直都是自己作主的。當我想到我們也許再沒有重聚的機會時，亦使我不能忍受，但是神是會補償的。

跟著我做了一個夢。

在舊約和初期教會時，神往往藉著夢跟人說

話，我能記得最早的記載是約瑟和他的夢。「看哪，我又作了一夢，夢見太陽，月亮與十一個星，向我下拜。」這樣的事，是在我的經驗以外的，也從未受困擾，因為我自己的夢往往是前一天的生活和思想的重新組合。

在夢中我返回大陸去，看見在千百萬畝的土地上，竟找不到可以安歇的地方，我越過無數的田野、河流、崇山峻嶺，到處有很多的居民，卻沒有我容身之地，在全國找不到一方呎可以立足的地方。醒來時我的心跳動得很厲害，我張開了眼睛，看到自己身在香港後，才放下心來。

是神對我說話嗎？

離別的日子到了，但是我沒有採取任何行動，在我未作這一個夢之前，我曾拒絕家人的忠告，但是現在我讓火車和離別的日子都逝去，我處於一個像死一般陰沈的深谷中。

在中國大陸以外，我的醫學訓練是不獲承認的，要當醫生我必須再從頭開始，新的課本，不同的教授，要再參加考試，但我沒有足夠的意志力，經濟能力和機會。

隨之而來是一段灰暗的日子，我被疲勞、困倦所包圍著。我曾接受很昂貴的訓練，處於很有價值的地位，然後被棄絕了。我寫信回醫學院去，很快便獲得回音，信中吩咐我立刻回去，否則便被逐出校門，要是我仍然不回去，我在學院中的一切記錄將被取消。

黑幕低垂，我獨自一人，自私的念頭又再控制著我，我回想過去學習的日子，一切似乎都被糟蹋了。

但這真是糟蹋了嗎？還是神另有目的呢？

伊麗沙伯．艾略特（Elisabeth Elliot）在《奇妙的灰燼》一書中，說到一件令人感到絕望的事，一個她所信靠的同工，負責把聖經譯成科羅拉多文的，被射殺了。她是不能失去他的，神是否用這一個方法，回答她為他的工作所作的代禱呢？他是這一項語文翻譯工作上的主力，卻離世了。這是她首次要向她不能理解的事情上順服，以前她只是不理會那些不能解釋的事情，腦海中想著別的事情，把問題埋藏起來，作為一種逃避。現在，她像我一般地要面對這問題：「經過一段很悠長的時間，我才明白在我們『接受』神給予我們的事物後，神才把自己給我們。」她在書中說。

在我們接受之中，我到醫學院攻讀是要成為一個醫生，我的希望被粉碎了，我所受的訓練在中國以外是不被承認的，醫學院就成了神教導我的學校，在那裏我竭力地學習祂為我預備的功課，蹣跚地開始步向基督徒成長的境界。但是最難學習的功課，是當我離開了，永不能再返回去的時候，「在我們接受神所給予我們的事物後，神才把自己給我們。」

禱告

神啊，當我們面對那不能理解的事物，當祢需要我們去捨棄某一些東西時，求祢不單張開我們的手，也敞開我們的心；使我們一面接受，一面亦能找到祢，奉主耶穌基督的名。

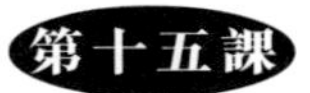

目的何在

我們都是革命者！我們都認定要靠著神的恩典，去遵行主的教導，活出真正的生命來，將福音傳遍世界。

我們已經不顧一切地委身那以寶血買贖我們的基督。我們已沒有任何權利，所有次要的、個人的欲望都要降服在這個使世界歸主的最重要任務下。我們都是負債的人。我們絕不能讓自己落入現今世代那種唯物至上、扼殺人靈魂的咒詛中。基督徒既然已經捨棄一切，現在就讓基督掌管我們的時間與金錢，讓我們獻出所有，讓我們傳揚那至尊的信仰！我們必須準備為祂受苦，為祂捨命！在屬靈的爭戰中，若不是絕對的順服，就是不服從主，就是藐視主。

——《來、活、死》，佐治·韋

(George Verver)

日子一天天地過去，我對自己在香港所見到的事物，感到十分驚駭，在街上的每個角落都是貪婪的機會主義分子，甚至信徒亦似乎接受了非信徒的貪得無厭的標準。

在上海時，生活很有目的，是為著某一個方向而接受訓練，這不單是大學生，整個社會都是一樣。那裏有一種偉大的有力的緊迫的感覺，包括一個接一個的國家及個人的目標和挑戰。身體接受鍛練去保衛國家、一般人都熱心地長時間勞動、病人因獲得醫生的照顧，康復後回到他們自己在歷史的進程中的崗位、漫無目標的單調感就一掃而空。誠然，有些人會覺得生活艱苦和營養不足，但是中國有數以百萬計的人從來就未經歷過舒適的生活。

香港雖然也有好的一面，但是這裏的人貪圖逸樂、一點也不覺得於心有愧。這裏有著貧窮、失業、住屋的問題，另一方面又有一些二十世紀的新玩意；但是金錢、性、自私，卻在每一塊廣告牌上掠過。

在一些基督教的圈子中，散漫無目的的現象是很明顯的，雖然詩歌、祈禱、討論、友誼都不缺，但是號角的聲音卻被掩蓋了。

這裏沒有那麼多恐懼，不過信心也很少。

一個基督徒在信仰的投入方面，是否應該比

不上一個共產黨徒對他的主義的投入呢？有一個年輕的美國人在墨西哥成了共產黨員，他寫信給他的未婚妻，解釋他怎樣為了政治上的理由，要跟她解除婚約：

> 「我們中間有某一個百分比的人遭殺害或監禁，我們過著赤貧的生活，我們把所賺得的錢，除了留下僅足以維生的一小部分之外，其他每一分錢都交給黨。我們共產黨員沒有空閒和金錢看電影、聽音樂、吃牛排、買舒適的房子或新車，別人都把我們視為狂熱分子，我們的生命是被一個偉大、超乎一切之上的因素所支配——使全世界都共產化，我們共產黨的人生觀，不是任何數目金錢所能買到的。」

他跟著說到要為主義理想而奮鬥，要為一個涉及整個人類的運動而放棄小我，他惟一最認真最關心的，就是共產主義的理想。

我見過成千上萬像這位共產黨員的人，毛澤東的話在他們的心中響起來：「下定決心，不怕犧牲，排除萬難，去爭取勝利……發揚勇敢戰鬥……不怕疲勞和連續作戰……反對大吃大喝，注重節約……共產黨員應該做到最有遠見，最富犧牲精神，最堅定。」

這是極具挑戰性和煽動性的話，要是一套政治哲學能夠這樣有效地煽動一個人，人子的力量不是更巨大得多嗎？基督出生在馬槽裏，後來學作木匠，在一個偏僻的地方傳道，並且被釘在為罪犯而設的十字架上，祂一生未嘗獲得一官半職、未享過任何特權，未得到任何利益，毛澤東應聽著，祂就是「最有遠見，最富於犧牲精神，最堅定的。」祂曾流血下淚，為我們的罪而死，又從死裏復活。要是我們沒有在生命中彰顯和表現復活的救主，神啊！請饒恕我們，要是人因為看到祢失望、喪膽、自私的門徒，而投向共產主義，求祢寬恕我們——這些不聽前進號令的基督徒，這些沒有十字架的基督徒。

一位加拿大牧師提醒我們，大部分的體系（Systems）都是圍繞著一些標誌，如新月、鐮刀、蓮花、紡車、太陽，火焰等……但是基督教與別不同的地方，是在圍繞著一個十字架；保羅寫信給哥林多人說：「我們卻是傳釘十字架的基督，在猶太人為絆腳石，在外邦人為愚拙，但在那蒙召的，無論是猶太人、希利尼人、基督總為神的能力，神的智慧。」

我們若捨棄十字架，就沒有基督，死在那十字架上的主耶穌說：「若有人要跟從我，就當捨己，背起他的十字架來跟從我。」

醫學院的共產黨員們亦十分欣賞稱讚我們團契奉獻的心志和規律。

我們過著犧牲的生活，知道自己的重大使命是甚麼，不願被共產黨員羞辱。毛澤東說：「愈是困難的地方愈要去，這才是好同志。」當我們面臨艱苦的呼召時可能會畏縮，但因著我們是基督徒，所以我們必須到那艱苦的地方去。

在這充滿權利的自由世界之中，我們所享有的利益真多，我們已經失去了那異象，失去了那具感染力的熱心及平衡的生活；這些才是可以使我們與貪求享樂的鄰舍們有所分別的。

在上海時最好的同工能夠說這樣的話：

「可差我到任何地方去，只要祢與我同在，
可給我任何重擔，只要祢支持我。
可斷絕我任何屬世的連繫，
只要祢我的心得以聯結。」

禱告

從那些陳腐事物的喜愛中，
從那些輕浮又使人心志動搖的情景中，
（若非如此，靈性不會堅強，
若非如此，主不會被釘）
從一切可使祢的髑髏地失去光采的生活中，
神的羔羊啊！求祢搭救我。

——賈艾梅（Amy Wilson Carmichael）

第十六課

一個獲得優待的學生

主啊，我又弄得一團糟！
在祢的學校裏，我不過是個蠢材。
　我知道我又失敗了，
　而祢也知道，
　但是祢沒有說甚麼。
請容忍我！
我老是重修著同樣的功課，
　卻從未真正的學到甚麼。

我曾以為有把握能處理這情景。
　我有過很多次的經驗，
碰過不少的釘子，也學會了
　甚麼事不該作，
　我完全掌握了理論。

我深信如果祢只是考驗我的理論，
　我可以有較佳的表現。
　但是祢並不以理論為滿足。
　祢堅持要我實踐，

而我就是在這點上失敗。
主啊，為甚麼理論和實踐之間，
有這樣大的鴻溝？
明明知道要作甚麼，
卻實行不出來。
明明看到了陷阱
卻仍然失足墮落在其中。

祢是否厭倦有這樣一個頑劣的學生，
並覺得要把我放棄？
請再給我一個機會！
也許祢可以告訴我一個更佳的學習方法，
使我不至再三跌倒——。
我要學習，我真的要。
我開始領略其中的祕訣：
就是保持跟祢親密的關係，
而不是倚靠理論性知識
或我自己的努力。

——〈神學校中的蠢材〉，
弗洛拉．勒遜
(Flora Larrson)

神為我打開了奇妙的門——那些通往普世各教會和家庭的門；那些通往學校和大學之門，跟青年人一起分享和歡笑；那些通往政府官員和商人午餐聚會之門；而最重要的，是通往世界許多地區的親密朋友和代禱同伴們之門。

無論我到甚麼地方去，或作甚麼事，我仍然是個學生，仍然會失敗，仍然需要學習。每當我沒有學好功課，需要重新再來的時候，科挪・勒遜的詩〈神學校中的蠢材〉便正好描寫我的感受。

對我能代表那些別人不能看見，聽見和往往被人遺忘的中國基督徒，我視為是我的一種特權，其實我是不足以代表那些早已成為醫生，而現在仍然留在中國的醫科學生。我雖不獲准回到上海去，但是在我深切的失望和迷茫中，我找到了神的旨意。

神是否做錯了呢？祂為甚麼不揀選我們的小組領袖，就是那既有組織能力，口才又好，又是個佈道家的約翰去擔當這件公共性質的任務呢？答案只有一個，他要擔當更重要的工作，不論是在中國當醫生或在勞改營中，作基督的活見證。神是不會做錯的。

為了寫這一本書我遲疑了很久，就像有人邀請我去講道的時候一樣。但是我知道藉著寫作和見證，是最能挑起你們為我以前的同伴代禱，他們是何等急切需要你的代禱，我又怕所提供的資料可能會傷害他們。但是我向神祈求的，是中外青年人，都能被那些跟我一起學習的同學們，和仍然留在中國大陸，暗中敬拜神的基督徒們的事迹所激勵。

我能夠前往一些他們不能去的地方，大膽地宣布一些他們不能夠提起的事，當他們的聲音沈寂時，我必須代表他們發言。我相信這些就是神容許我得著自由的原因。這是何等大的責任，也是我何等大的權利！

可能有一天，在天上或是在地上，我們將跟這些基督徒坐在一起，分享我們對神的愛的經歷，我們不需作任何的講論，我們只會以歡欣、歌唱、敬拜我們大能的神，全地的王。

我夢見我重回上海，或西藏，跟那些同學在一起。我找到一個角落，趕快坐下來，知道時間不多，傾談了幾句，然後忽忽起來走了，可是這些如飛也似的短暫時刻，不知給我帶來多大的喜樂。

在旅途中，一個地方或人物往往令我想起在中國曾發生過的一件事情或某一位信徒，他是否仍在服事神呢？我把問題拋開，只是為他祈禱。我看到他們的面孔，卻記不起他們的名字來，或想起他們的名字，卻不能記得他們的容貌。但是神對他們每一個名字和面孔都不會忘記。

在挪威鄉間的一座小教堂裏，那裏可以看見高峭的山嶺，空氣瀰漫著柏樹的芬芳，一個嬌小穿著整齊的婦人向我走過來，她眼中充滿著愛意。

「我為中國禱告已有四十六年了，」她說，一方面打量著我這中國人的外貌：「瑪利，我現在仍為中國祈禱。」

在我出生之前，她已經為我禱告，在她的代禱中，還有數以百萬計的中國人。

「我仍在禱告，」不論是日本人的入侵，共產黨的政權，一九六六年的文化大革命，都不能阻止她為中國代求。她是個老婦人，你願意挑起她的擔子嗎？你是否願意為中國人及仍留在中國這一個紅色熔爐中的基督徒代禱呢？我是個蠢鈍的人，常常學不好我的功課，但是能留在神的學校中學習是何等喜樂的事，我真是個得到特別優待的學生。

行動

若你想知道有關「基督教華僑佈道會」（Chinese Overseas Christian Mission）的消息請寫信前來

4 Earlsfield Road,
London, SW18 3DW,
U.K.

鳴謝

我要在此感謝「救世軍」，允許我採用弗洛拉．勒遜的《主，請候片刻中》的一首詩〈神學校中的蠢材〉；又感謝「得勝出版社」，准許我引用由安格斯．金彌耳編的幾本倪柝聲的著作；最後亦要感謝大哥明理為我保存了我從上海寄往香港給他的信件。

緊扣時代 服事教會

以文字傳揚基督真道

讀者意見表

衷心多謝你購買本社書籍。本社一直致力以出版事工服事教會，幫助信徒扎根於神的話語，促進靈命增長。為使我們的出版更能滿足你的需要，請填寫下列各項資料，並寄回或傳真予本社。

所購書籍：＿＿＿＿＿＿＿＿

本書最吸引你的地方：
□作者　□適切性　□文筆　□設計　□實用性
□其他：＿＿＿＿＿＿＿＿

購買本書地點：
□基道書樓　□基督教書店　□非基督教書店

性別：□男　□女　職業：＿＿＿＿＿＿＿＿

信仰：□基督徒　□非基督徒

年齡：□ 16 歲或以下　□ 17～25 歲　□ 26～35 歲
□ 36～55 歲　□ 56 歲或以上

學歷：□中三或以下　□中五　□預科
□大學　□研究院

□我欲更多了解基道出版社的事工及考慮支持，請寄給我下列資料：
□機構簡介　□新書資料　□「書中行」書會資料
□《基道文字事工通訊》

姓名：＿＿＿＿＿＿＿＿　電話：＿＿＿＿＿＿＿＿

地址：＿＿＿＿＿＿＿＿

傳真：＿＿＿＿＿＿＿＿　電子郵件：＿＿＿＿＿＿＿＿

其他意見：＿＿＿＿＿＿＿＿

多謝賜教！

意見表可以傳真（2687-0281）或直接郵寄以下地址：
香港沙田火炭坳背灣街26號富騰工業中心1011室
基道出版社編輯部收